张晓霞 著

一路芬芳

班主任工作漫谈

华中科技大学出版社
http://press.hust.edu.cn
中国·武汉

图书在版编目(CIP)数据

一路芬芳：班主任工作漫谈/张晓霞著. —武汉：华中科技大学出版社，2024.1

ISBN 978-7-5772-0256-3

Ⅰ.①一… Ⅱ.①张… Ⅲ.①班主任工作 Ⅳ.①G451.6

中国国家版本馆CIP数据核字(2023)第235730号

一路芬芳：班主任工作漫谈　　　　　　　　　　　　　张晓霞　著
Yilu Fenfang：Banzhuren Gongzuo mantan

策划编辑：饶　静
责任编辑：程　琼
封面设计：琥珀视觉
责任校对：李　琴
责任监印：朱　玢
出版发行：华中科技大学出版社(中国·武汉)　　电话：(027)81321913
　　　　　武汉市东湖新技术开发区华工科技园　　邮编：430223
录　　排：孙雅丽
印　　刷：湖北恒泰印务有限公司
开　　本：880mm×1230mm　1/32
印　　张：8.5
字　　数：183千字
版　　次：2024年1月第1版第1次印刷
定　　价：59.80元

本书若有印装质量问题，请向出版社营销中心调换
全国免费服务热线：400-6679-118　竭诚为您服务
版权所有　侵权必究

前言

QIANYAN

孩子们从小学进入中学,是他们学习生活的一个转折点。有人把中学时代比喻成人成长过程中成败的转折点。按照教育家克鲁普斯卡娅的话来说:"这是一个可塑性最大、危险性最大、最不稳定的年龄段。"家长无法打开孩子的心灵之门,焦急无奈。而教师,往往更关注学业,孩子的内心世界因缺爱而越来越黑暗。

爱的教育会让人变得更完美、更强大,使人的情感变得更丰富,理智变得更健全。爱的教育有着强大的唤醒能力,让被教育者内心充满生命力,产生强烈的渴望做事的动力,让其树立远大的理想、志向和抱负,让其充满家国情怀。这一切都需要教师心怀爱,爱生如子,才能以明察秋毫之眼发掘孩子们的闪光点,助其掸落灰尘,释放光芒。

本书作者,以爱生如子之心,为焦急无奈的家长开启一扇窗,还家长一份踏实安心;为奔忙焦虑的教师提供一个视角,重新思考教育的意义。

我们知道：教育的使命一方面是传承文明，将人类的传统文化代代相传，使接受教育的人，灵魂中或多或少渗透着古人的价值观；另一使命则是传承和发展人类的技术，拓展人类知识的边界。

当今，知识泛在化，获得知识的渠道多种多样，教师传授知识的功用渐被弱化，未来教师应该是有特殊的才华，有特殊的技能，并且能把握孩子内心情感需求并给予引领的灵魂教师。

灵魂教师不是只引领孩子走向兴趣高昂的圣地，更要能够影响孩子的生命发展。文化的教育似心灵的教育，能让人的心灵变得柔软、温暖和慈悲。

本书引导我们从时代大变革的角度认识教育，认识教师的职责。通过生动的案例见证教师如何唤醒孩子的内在价值，如何培养孩子对爱的感知。未来多变，让孩子深知被爱是教育之重，因为被爱的人才能对改变持有开放的态度。爱的理念贯穿全书。

本书先谈当今时代变化给教育带来的变化，再谈当今初中生的现状，进而引出时代所需的教育与教师，通过案例展现灵魂塑造灵魂的过程。班主任是一个班级的灵魂。一个好的班主任既是学生求知的引路人，又是学生成长的引导者。最后以教育是生命影响生命的过程升华结尾。希望给读者以启发。

目录

第一章　教育是什么　1

一、认识时代的今非昔比　2
二、教育的核心所在　3
三、教育箴言　5
四、重新认识教师这个职业　9
五、为何教育要谈爱　11

第二章　教育中的你我他　15

一、认识孩子　16
二、认识青春期的少年们　31
三、认识学校　39
四、家庭的改变　46
五、家校协作走进少年心间　53

第三章　爱在教育中的力量　63

一、教师的爱　64
二、爱的行为　68

三、教师从感受爱到辐射爱　　　　　81
四、爱的教育　　　　　　　　　　　87
五、激励教育　　　　　　　　　　　94
六、共享共生教育　　　　　　　　　109

第四章　爱在彼此心间流淌　　　　　129

一、改变从教师开始　　　　　　　　130
二、用爱融化学生心灵上的"坚冰"　　135
三、对进城务工子女多一点爱　　　　139
四、用爱静等花开　　　　　　　　　141
五、用爱心搭建与后进生沟通的桥梁　143
六、爱的回流　　　　　　　　　　　146

第五章　打造孩子爱的空间　　　　　155

一、如何建设班集体　　　　　　　　156
二、班集体中德育的重要性　　　　　161
三、班集体活动的重要性　　　　　　165
四、班级文化建设　　　　　　　　　168
五、主题班会　　　　　　　　　　　179

后记　爱的教育是生命影响生命的过程　　261

第一章
教育是什么

概述：放眼看时代，为适应工业革命而诞生的教育，其使命已发生翻天覆地的变化，可是我们还在沿用旧方式教育当下的孩子。未来世界已经向我们揭开它神秘的一角，先知先觉的人已经觉察到育人理念的转变。本章首先介绍了时代的今非昔比，而后直指当今教育的核心所在，即帮助孩子找到自己的天赋和志趣。然后深思教育背后的理念，引出教育的七条箴言。谈教育，教师无法回避，他们才是育人的主导力量，我们应当重新审视教师这个职业。最后引出本书的核心理念——教育离不开爱。

一、认识时代的今非昔比

工业革命来临之际,人们疯狂地破坏机器,希望机器不要取代人类的工作,可是谁又能阻止历史前进的步伐呢?

时代变迁,技术迭代的速度只会越来越快。还记得诺基亚手机的样子吗?智能手机是何时风靡全球的?随处可见的二维码是何时取代现金支付的?如今让我们刷上瘾的小视频又是如何流行起来的?人工智能被越来越广泛地应用到各行各业。只要认真观察,你会发现这个时代已今非昔比。

这个世界正在发生改变。从第一部智能手机的诞生,到2011年微信作为一款即时通信软件发布,随后,科技的发展方向越发明朗,我们的生活彻底改变了。想想在这个时期出生的孩子,从他们有辨识能力之日起,就与各种电子产品相伴。时代变迁,他们要如何理解父辈因时代造就的品质?孩子与家长之间出现一条无法跨越的鸿沟,家长用自己的观念引导孩子走在自认为正确的路上,他们把孩子的日程填满,只为孩子能在激烈的竞争中争得一席之地。随着时代的变迁,工作也在发生变化。人工智能在颠覆各行各业,多数重复性的工作会逐渐被机器取代,而人类只有去发展自己的独创性才是立足之道。工作的意义,越来越偏向于内在的融合,审视的标准偏向工作能不能激发强烈的热情,能不能为社会带来价值。社会对人的需求在改变,那么培养人的教育应该何去何从?

我们生活在数字化时代,互联网就像一张充满生命力的网,人人身处其中,互联互通,科技的力量改变着我们的思维和行为。我们发现，没有手机似乎寸步难行。智能手机已经深植于我们的生活，以至于我们很容易忘记它们是10多年前才出现的。这是一个崭新的世界，而孩子们正处在这个世界的中心。什么样的教育才是适合当代孩子的教育？

数字世界已经成为吸纳我们的时间和注意力的黑洞。数字化不仅改变了我们消磨时间的方式，也重构了我们的社会关系。孩子所接触的数字化产品更是种类繁多。

我们都处在大变革时代的十字路口。承载希望的孩子们，应该接受怎样的教育才能在未来获得生存的能力？他们在当今的教育中是否学到了有价值的技能？他们是否发现了自己的优势，并在可能会遇到困难的地方得到了帮助？他们在用尽全力应对挑战吗？他们的信心和能力在增长吗？

二、教育的核心所在

教育不是为了获得一张文凭，教育是为了让一个人成为他理想当中的样子，这才是教育的核心所在。

社会对人的需求在改变，那么培养人的教育应该何去何从？面对变化，教育开始回归本质。好的教育是对生命力的唤醒，是对价值判断力和审美鉴赏力的培养，是批判性思维和独立思考能力的提升，更是对社会责任感和担当精神的培养。教育的目的，直指孩子兴趣的所在，让孩子拥有终身学习的能力，如此，他们才能真正适应社会。

什么样的教育才是适合当代孩子的教育？我们知道教育是让孩子过上快乐的、充实的生活最有效的途径。教育构筑了人与人之间的差距。在早期的教育中,如果能给予孩子适当的引导,那么对于孩子的整个人生,将会产生极其深远的影响。夸美纽斯在《大教学论》中指出:"人是一个'可教的动物',只有受过恰当的教育之后,才能成为一个人。"而"恰当的教育"是家长、教师从知识、德行等方面对学生予以引导的过程。亚里士多德指出:"求知是人类的本性。我们乐于使用我们的感觉就是一个说明。"教人求知,就是激发学生的求知本性,以求知为快乐,授人以渔,培养孩子终身学习的能力。

随着时代的发展进步,国家和社会对教育提出了更高的要求。同时,伴随考试制度和课程改革的深入推进,以及基于因材施教和学生个性化发展的迫切需求,教育只重学业的片面认识逐渐被打破。孩子的能力是多方面的,可能有很多没有被发现的天赋,不要给孩子粗暴地贴上各类片面的标签。一旦我们认识到所有的孩子在很多方面都很聪明时,我们就可以发现他们有很多不同的实现自我的途径,而不仅仅只有一条。孩子的潜能需要我们去挖掘。

印第安纳大学的心理学家克里斯·梅诺(Chris Meno)说:"当孩子没有足够的空间来独自面对问题时,他们就无法学会解决问题。如果他们没有学会在自己力所能及的事情上展现自信,就会影响孩子的自尊。还有一个问题是,如果一个人从来没有经历过失败,那么他就会对失败和让别人失望产生强烈的恐惧。自卑和对失败的恐惧都可能导致抑郁或焦虑。"

这就需要帮助孩子建立自尊体系。自尊对于一个人来说很重要,如果认识不到自我价值,自尊感低,生活对我们而言将苦不堪言。若想拥有高水平自尊，首先要有健康的认知，认知提高了，环境变化就不会轻易影响到一个人的自尊水平。父母会在孩子的成长中产生不可磨灭的影响，父母能做的就是为孩子的成长创造最有利的条件，帮助孩子建立自尊体系，认识到自我价值，然后发现孩子真正的热情所在，并予以鼓励引导。

教育本来是让人快乐的，因为学习是人的高级本能。从人本身来讲，人是希望通过学习获得提升的。而在教育中，那些真正走进孩子心灵、影响孩子人生方向的东西是看不到的，真正的教育是悄无声息的。

还有，天赋与能力有着天壤之别，与生俱来的是天赋，而能力是需要后天培养的。发现孩子的天赋，然后加以引导，可以让天赋得到更加充分的展现。

我们确定孩子天赋的目的，主要是帮助他们在生活中找到目标和获得成就感。如果你想要帮助孩子在他们真正关心的事情上做得更好，并且从中获得快乐，那么提供适合他的教育是最可靠的方法之一。

三、教育箴言

从以上两节内容中，我们认识了教育的今非昔比以及教育的核心所在。那么教育背后的核心理念是什么呢？

第一，教育就是协助孩子发展自身的潜力，助其内生力量的成长。

卢梭提出"教育即生长，生长就是目的，在生长之外别无目的"。苏格拉底曾嘲笑教孩子学习知识的想法，就像希望盲人恢复视力一样可笑。好奇是孩子与生俱来的天性，在好奇中学习、增长知识是再自然不过的规律。懂得了"教育即生长"的道理，我们也就清楚了教育应该做什么事。比如，智育是要发展好奇心和培养理性思考的能力，而不是灌输知识；德育是要提升崇高的精神追求，而不是灌输规范；美育是要培育丰富的灵魂，而不是灌输技艺。

当今越来越多以功利为目的的教育，用功利规范教育，压制孩子的天性，注定会影响孩子的成长。其实我们要理解的一点是，成长本身就充满意义，让天性得到健康的发展对于个人、家庭乃至社会，都是极其重要的。从整个社会的状况来看，正如罗素所指出的，一个由本性优秀的男女所组成的社会，肯定会比相反的情形好得多。

第二，儿童有儿童的内在价值。

在众人眼中，似乎只有成人才有价值，所以大家对于儿童的价值不予重视。用周国平老师的话描述，就是把儿童看作"一个未来的存在"，一个尚未长大的人在"长大成人"之前似乎没有价值，而教育的唯一目标是使儿童为未来的成人生活做好准备。这种错误观念由来已久，流传极广。

蒙台梭利严厉指出只看重长大后教育的缺陷，进而提出自己的教育理念。杜威也指出，儿童期生活有其内在的品质和意义，不可把它当作人生中的一个未成熟阶段，只想让它快快地过去。人生的各个阶段皆有其自身不可取代的价值，没有一个阶段仅仅是为另一个阶段做准备的。尤其儿童期，是身心成长最重要的阶段，也应是人生中最幸福的时光，教育的最大功德是给孩子一个幸福而有意义的童年，以此为他们幸福而有意义的一生创造良好的基础。然而，现如今的普遍情形是，成人世界把功利目标强加给孩子，让他们到功利战场上拼搏。

第三，"教育的目的是让学生摆脱现实的奴役，而非适应现实"。

此言出自西塞罗。放眼今天，我们看到的是教育正在竭尽所能地塑造学生以适应现实。适应社会无可厚非，因为人是社会的人，可是如果教育的主要目的都是教育孩子们如何适应社会，似乎有些舍本求末。蒙田说："学习不是为了适应外界，而是为了丰富自己。"孔子也主张，学习是"为己"而非"为人"。从古至今，智者们都揭示了学习是为了发展个人内在的精神能力，从而在外部现实面前获得自由。凭借内在自由、独立人格以及独立思考能力，那些优秀的灵魂和头脑对于改变人类社会的现实起到了重要的作用。教育就应该为促进内在自由、产生优秀的灵魂和头脑而贡献力量。

第四，"最重要的教育原则是不要爱惜时间，要浪费时间"。

卢梭为其惊世骇俗之论辩护说："误用光阴比虚掷光阴损失更大，教育错了的儿童比未受教育的儿童离智慧更远。"当下，我们唯恐孩子虚度光阴，不留任何玩耍的时间给他们，我们自以为让孩子少玩耍是尽到做家长和老师的责任。卢梭却问你，什么叫虚度？如果满足天性的要求就算虚度，那就让他们虚度好了。正如前文所言，教育就是生长，那我们在面对自有内在价值的孩子时，能做的就是为他们提供良好的生长环境。试问，什么才是好的环境？唯有自由与好的教师吧。在希腊文中，"学校"一词的意思就是闲暇。在希腊人看来，学生必须有充裕的时间去体验和沉思，才能自由地发展心智。

约翰·亨利曾言："对于受过基础教育的聪明学生来说，大学里不妨既无老师也不考试，任他们在图书馆里自由地涉猎。"萧伯纳曾叹息："全世界的书架上摆满了精神的美味佳肴，可是学生们却被迫去啃那些毫无营养的乏味的教科书。"所以对于大学而言，自由的时间尤其重要。在主动建构知识体系的过程中，自由价更高；在追求人类精神世界的更高通透中，自由弥足珍贵。

第五，"忘记课堂上所学的一切，剩下的才是教育"。

这是爱因斯坦说过的一句俏皮话。

怀特海曾说："抛开了教科书和听课笔记，忘记了为考试背的细节，剩下的东西才有价值。"现在的学生，经历了九年义务教育、高中教育、大学教育，即使不算研究生以后的学年，也有至少16年的受教育经历。试想一下高中物理的那些知识点，你还记得多少？在时间面前，我们的大脑无力对抗，忘记知识点是自然而然的事情。可是因为曾经学过这些知识，我们理解天体的运行，理解日月星辰背后的自然力量，我们不会因"天狗吃月"现象而迷信恐慌，这是教育留下的东西。用怀特海的话说，就是掌握了完全渗透进你身心的原理，一种智力活动的习惯，一种充满学问和想象力的生活方式；用爱因斯坦的话说，就是拥有了独立思考和判断的总体能力。按照我的说法，就是一个人从此成了不可救药的思想者，不管今后从事什么职业，再也改不掉学习、思考、研究的习惯。

传授知识并不是教育的真谛，培养独立思考的习惯才是。

第六，"在教师眼中，学生应该是目的而非手段"。

罗素的观点，强调的是教师应该爱学生，就像爱自己的孩子一样，将孩子视为目的，而非争名逐利的手段。

学生应该有可以自由选择教师的权利，学生对教师的评定是教师能力界定的重要尺度。教师只有爱学生，才能得到学生的爱戴。

爱因斯坦曾建议：给教师使用强制措施的权力应该尽可能少，使学生对其尊敬的唯一来源是他的人性和理智品质。

如果我们一味追求成绩排名，忘记教育的目的是丰富人们的心灵和思想，那么教育的目的，又将如何实现？想想让我们珍爱无比的孩子们，他们是独一无二的存在，没有人像我们一样了解自己的孩子。

四、重新认识教师这个职业

谈教育，又怎能避开教师？

教师这个职业，因为有了人的温度才有了意义。不管时代如何变迁，作为灵魂塑造者的教师会因孩子们情感、精神层面的需求而无法被取代。

当下学校中，学生学习的动力就是拼分数、攒学历，待到毕业之际，高学历毕业生无法找到相匹配的工作，很多岗位又无法招到满意的员工。此般境况再次表明，现代学校应该有所调整来培养当下及未来社会需要的人才。教育系统迭代的时刻已经到来。

教育系统升级似乎遥不可及,可是更多个体的觉醒会帮助它加速实现。我们知道,只有那些在"洪水"来临之前就提前思考和行动的人才有可能幸存。教师的觉醒,将会填平目前处于孩子和大多数父母间的鸿沟;教师的觉醒,也将为时代提前储备力量。

另外,必须从不同的角度看待教育的原因还有一点,就是孩子生活的世界与父辈生活的世界有太多的不同。教师是提前看到不同、提前思考、提前布局之人。

如何做好教师,本身就是一门课程,关乎教师的成长,关乎学生的生命健康。学生就是教师的精神后裔,会传承教师的某些精神基因。要让学生朝着美与善的方向发展,教师必须成为美与善的典范;要让学生适应时代发展的要求,教师必须掌握时代发展的脉络,并成为引领者。

教师面对的是一个个鲜活而又不同的生命,生命有无限的可能性,教师需要关注学生的生命体验和内在感受,用个性化的方式予以引导。若心中无爱,怎会辐射学生?桂贤娣老师的"因生给爱"理念,提出十种爱生之法:体弱生,爱在关心;病残生,爱在得体;过失生,爱在信任;屡错生,爱在耐心;向师生,爱在珍惜;背师生,爱在主动;个性生,爱在尊重;普通生,爱在鼓励;进步生,爱在赏识;后进生,爱在鞭策。

教师的成长,是学校发展、学生成才的基石。著名教育家苏霍姆林斯基说过:"教育者最可贵的品质之一就是人性,对孩子们的真诚深沉的爱,兼有父母的亲昵温存和睿智的严厉与严格要求相结合的那种爱。"这就是教育理论上阐述的"师爱",即对学生的爱,它不是一个单一的心理成分,而是教育实践中,由教师的理智感、美感和道德感凝聚而成的一种高尚的教育情操。

作为教师,要尊重学生的人格、情感、个性、自尊心理、理想选择、学习成果……只有这样,学生才会在教师的尊重中茁壮成长。学生所期待的教师应该是精神抖擞、面带微笑的。所以,教师应该以积极向上的状态去感染学生,以自身的人格魅力去影响学生。在工作中,要不断完善自我,把自己真诚的爱献给学生,赢得他们发自内心的尊重与喜爱,做一个真正有魅力的教师!

未来是能者为师的时代。试想未来教师的样子:第一,他们是社会的精英,未来应该是最优秀的人,才有可能进入教师这个行业;第二,他们是真正的心理学家,他们对学生的认知发展规律和情感内在需要有准确的感知,能成为学生的良师益友;第三,他们是各个领域的专家。

今非昔比的时代,基于对人体和大脑科学知识的掌握,以及对教育理念的理解,觉醒的家长、教师已经越来越明白教育的本质是什么,教育的目的及核心是什么。为尚未到来的时代做好准备是父母和教师的责任。

五、为何教育要谈爱

教育今非昔比,对教师的要求亦在改变。教育与爱有什么关联,谈教育为何要谈爱?首先从一个孩子说起。

记得我带的班上曾经有个叫王嘉皓(文中提及的姓名均为化名)的学生,他的性格很怪异,经常不交作业,而最让我头疼的

一路芬芳
班主任工作漫谈

是有学生向我反映,他经常放学后不按时回家,去网吧玩游戏。一天下午放学后,有学生告诉我,王嘉皓又去某某网吧玩游戏了,我顺着学生的指引来到网吧将他领了出来,并苦口婆心地给他讲了许多网吧对学生的危害。他当面答应得很好,可是没过几天,他的老毛病又犯了,放学后依然不回家做作业,而是沉迷于网络游戏。这让我痛苦至极,曾经有多次想放弃王嘉皓同学的打算,可是作为一名老师,作为他的班主任,责任心告诉我不能这样做。有一天,我无意中发现,教室里别的学生都在吃早餐,而唯独他坐在一边看别人吃,露出一种很羡慕的表情。我回到办公室想,是不是他的家庭很困难或另有原因呢?于是那周周末我给学生布置的周记题目是《我的家庭》。我认真地批阅学生的周记,大多数学生写的是他们的家庭有多么幸福,而当我翻开王嘉皓同学的周记,他是这样写的:"别人都有一个幸福的家庭,可我在小学二年级的时候,爸爸因车祸去世,妈妈扔下我不管,走了,留下我和年迈的爷爷奶奶过着非常清贫的生活。每当看到别的孩子牵着爸爸妈妈的手上学,每当看到新学期开学别的孩子都有爸爸妈妈买的新书包、新文具,可是我没有,我真想放声大哭,痛诉命运对我的不公。可我不能哭,我怕爷爷奶奶伤心,我只能在清明节时抱着父亲的骨灰盒放声大哭:'爸爸,你为什么把我一个人孤零零地留下走了?'而我更恨我妈妈的不负责任。我对自己彻底放弃了,我就是老师眼中的坏学生……"

读完王嘉皓同学的周记,我已是泪流满面。当天放学后我就找他谈心,我说:"是老师以前对你关心不够,如果你相信我,那你以后把我当作你的妈妈好吗?虽然我不能像你的亲生母亲那样做得尽善尽美，但我会尽心尽力。请你相信老师，给老师一次机会好吗？"同时，我又告诉他："你是一个男子汉，不能被不幸打倒，要相信自己，勇敢地站起来向命运挑战。不幸是人生最好的财富，老师愿意和你一起迎接以后生活的挑战，老师相信你！"于是，在以后的工作中我特别关注王嘉皓同学，下雨时我会及时递给他一把雨伞，学校开运动会时我会悄悄地往他的书包里塞上孩子们喜欢吃的食品，冬天我会给他买一双手套和一顶帽子，并及时找他谈心。慢慢地，我发现他变了，他能按时交作业了，能主动为班集体做一些事了，很少去网吧了。在元旦联欢晚会上，我组织班委会同学搞了一次别开生面的生日 Party——为王嘉皓同学过生日。面对温柔的烛光、老师与同学们关爱的眼神，他感动得哭了，他说绝不辜负老师与同学们的期望，虽然他失去了一个小家，但在班级这个大家庭中他得到了更多的爱。在之后两年多的学习中，在老师与同学们的关爱下，王嘉皓同学开始逐渐变得开朗、活泼、自信，开始融入我们这个快乐的大家庭，和同学们一起愉快地学习，健康地成长。

从对王嘉皓同学的教育过程中，我感到班主任工作不仅需要老师有高度的责任心，更要有爱心。爱心可以融化坚冰，爱心可以滋润枯苗。正如一位教育家说的："教育，需要爱，没有爱的教育犹如无源之水、无根之草木。"

王嘉皓同学的例子让我认识到，生命可以因为感受到爱而发生巨大变化。他的生命不仅发生了变化，还得到了救赎。有些人之所以感受不到爱，似乎是源于他们无法感受到任何事，无论是好的还是坏的。许多这样的孩子似乎只专注于去思考那些已经发生的事、可能会发生的事或者本来可以发生的事，而错过了对当下的体验。

现在的我们所拥有的东西比以往任何时候都多：更多的财产、更多的食物、更多的联系人、更多的信息，以及能到达全世界更多的地方。我们的生活因为有了智能设备和互联网而变得更加丰富多彩。尽管生活看上去填得很满，我们与周围世界的联系很紧密，但我们与自己的情绪和感受之间的联系越来越少，压力也越来越大。我们与他人以及自己似乎断了联系，只剩下空虚的心。最重要的是，有一种不被人爱的感觉。不过，这个问题是可以解决的。首先感知情绪，看到"我"；其次唤醒感受，让自己感觉到被爱，一旦在"我"的身上知道被爱的感觉，就会明白之前限制我们感受到爱的那道屏障是什么，看到了屏障，跨越它甚至拆除它，都是可以实现的。

有一次，一位老人向我讲起了她无比珍爱的孙女。孙女从小由老人带，老人对她倾注了所有的爱。孙女学习一直很好，后来从伦敦大学以研究生学历毕业。前年孙女结婚，她怀揣两万元，想让孙女买个彩电。到了孙女家楼下，她打电话让孙女下来取钱。孙女的答复是："你找我妈吧，直接给我妈就行。"当她说自己就在楼下时，孙女依旧原话回复。老人说着眼泪就流了下来，她伤心的是孙女都没有让八十几岁的她上楼，更没有任何心疼她的表现，她的孙女似乎没有爱的能力。听着老人的诉说，我不禁想：伦敦大学研究生学历毕业的她，从常人的眼光看，教育无疑是成功的，但是从人性的角度看，这份教育真的成功吗？

教育应该教会孩子感受爱，爱己、爱人、爱国、爱世界。所以，教育应该谈爱。

第二章
教育中的你我他

概述：孩子小小的身体，在我们的呵护之下，逐渐伸展长大。若回顾孩子的童年时期，恍若超快的镜头，由婴儿变成眼前的少年不过瞬息。肉眼可见的变化，伴随的又岂止是体重的增加、个头的长高、语言的形成、逻辑的清晰？在这副身躯之内，究竟发生了什么神奇的事情，能让一个完全处于弱势境地的婴儿在短短几年之内发生惊人变化，能让他们掌握语言、运用逻辑、产生个人情愫，进而成为千差万别的独立个体？本章将从科学角度揭秘孩子大脑的发育变化，了解这番神奇的变化是如何产生的，同时带领读者真正认识受教育的主体——孩子；然后探秘青春期的孩子，探索他们躁动的原因，教育中的其他两方——教师和家长又该如何与他们相处；认识了孩子，就要认识学校和家庭。当真正认识教育的三方参与者后，会发现在教育中串起三方的那根纽带是爱。

一、认识孩子

一个人从出生到死亡,大概要度过两万五千天,而在最初的一千天中,也就是婴儿期,成长高速进行,完成从混沌无知到清朗开阔的大飞跃。这是生命的第一次飞跃,也是很重要的一次飞跃。

孩子是天生的学习者

还记得孩子的婴儿时期吗?那时候的他们看起来柔弱无助,无任何生活自理能力。我们小心翼翼地抱着、喂养着、呵护着他们,后来我们才知道外表看似柔弱的他们,内在却在以惊人的速度变化着。我们呵护的是"有史以来最伟大的思想和宇宙中最强大的学习机器"。他们用于探测周围世界的稚嫩手指和小嘴巴,通过胡乱抓、任意舔的行为感知着周围的世界,这可比任何高科技的探测仪厉害多了。他们精巧的小耳朵接收着来自这个世界嘈杂的声音,然后把声音逐渐转化成语言。科学研究表明,他们的大脑每天都能形成数百万的神经元连接。

在我们的呵护养育之下,孩子由内而外地发生着巨大的变化。随着大脑神经系统的成熟,孩子的情感世界也在进化,认知水平更是突飞猛进。婴儿出生后的几个月,除了睡觉似乎只有哭闹,当小小的他们感觉不舒服或不安全时,就会用哭闹来表达;随着长大,他们开始对周遭环境有所了解,对养育他们的人有了认识,本性中的原生力量逐渐在大脑中隐退,他们的自控力增强了;在蹒跚学步的时候,如果不顺着他们,他们就会有敲打、尖叫等行为；到了学龄期，孩子对身体的掌控更加游刃有余，他们的运动机能得到发展；而进入青春期后，大脑中多变的化学物质会对孩子的身体和心理产生巨大的影响。荷尔蒙如同一个强大的操盘手，让孩子的生命体验多变而又强烈。

哈韦·卡普是世界知名的儿科医生，卡普将孩子1~4岁的变化与人类的进化史做了类比，发现孩子短短4年的成长就如同人类进化史的超高速重演。在这4年中，孩子掌握了人类数万年的进化成就，从直立行走到熟练使用双手，从简单表达到阅读，等等。

人类的近亲是黑猩猩，我们和黑猩猩的基因组相似度超过98%，而另外2%的基因是使我们和黑猩猩截然不同的关键。与其他物种比较，人类生来就有学习的能力。0~2岁，人类婴儿和黑猩猩幼崽似乎成长都很快。但一年后，人类的婴儿几乎在所有方面都超过了黑猩猩。黑猩猩的智商可以达到三四岁孩子的程度，但是也仅限于此，它们没有语言、逻辑与创造能力。

人类的智力形式比地球上其他任何生物都复杂。另外，人类的洞察力与创造力更是独一无二。随着孩子的成长不断提高的还有情绪控制能力、决策能力、逻辑思维能力、同理心、创造力和批判性思维。

在玩中建立爱的重要性

（一）玩的重要性

对孩子们来说，没什么能比玩耍更重要。玩耍的形式有多种，比如同伴之间做游戏，比如在大自然中你追我赶地奔跑运动，等等。愉悦的玩耍能够激发他们的多项内在潜能。与大脑激活和发育密切相关的是玩耍，玩耍有助于培养孩子的创造性思维、理性思维、解决问题的能力以及与他人合作的能力等。孩子可以通过玩各种不同类型的游戏来发展他们的智力，获取关键的社交技能，并从错误和失败中吸取教训，更好地学习语言。

在大自然中奔跑，酣畅淋漓地运动，更是孩子成长中必不可少的项目。研究表明，我们的祖先每日需要奔跑8000~16000米，以获取食物。通过不断地奔跑，不断地追逐食物，大脑和运动之间建立了一种紧密的联结，仿佛是一条无形的纽带。

在人类大脑细胞的生长过程中，运动扮演了一个至关重要的角色。新生的神经元是一种完全空白的干细胞，需要经历复杂的发育过程，而为了能在28天后成功地融入神经网络，新生的神经元必须寻找生存的方法。为了生存，神经元必须促进其轴突的生长和发育，而运动可以促进神经元轴突的生长发育。这就是为什么通过运动不仅会使人的肌肉变得更加有力，而且思维也会变得更加活跃。因此，我们可以得出结论：在运动的同时，大脑也得到了锻炼。

在早期的教育中，应当特别注重培养孩子对运动的热爱。运动不仅能使人变得更健康，而且还有助于提高智商。就如同运动能够刺激肌肉和骨骼的生长一样，运动也能够刺激大脑新细胞的增殖，从而促进智力的发展。如果孩子对运动感兴趣，那么他的思维会发展得更好一些。

另外，在培养孩子的兴趣方面，需要特别关注孩子从中感受到的是快乐还是压力，是为他们设计的游戏还是安排的任务。

在孩子的成长过程中，根据他们的个人喜好精心设计各种游戏，并让他们积极参与其中，这不仅有助于培养孩子的领导力、合作精神和团队意识，也能够提高他们的专注力。但是如果是根据大人的喜好安排的任务，孩子会有抵触情绪。心理学研究表明，长期处于消极情绪和压抑状态下，那些本来拥有卓越天赋的孩子可能会逐渐变得智商低下，甚至在情绪低落的情况下，他们的思维也会变得更加低落。

孩子的学习和玩耍、运动应该相互补充，相得益彰。玩可陶冶情操，促进身心健康发展。享受玩的乐趣，可以让身心得到充分的放松，从而以更好的状态投入学习。如果长期在一个封闭、单调的环境中学习和生活，会引起大脑功能紊乱。此外，长时间的伏案学习会导致呼吸变浅，大脑供氧能力也会受到影响；长期处于一种紧张而压抑的环境中，大脑也得不到足够的刺激。进行户外活动，身体可获得充足的氧气，从而增强大脑的活力。所以，玩不仅能增强体质，还能开发智力。特别是对于青少年而言，爱玩是他们的天性，如果他们在玩中发现了自己的兴趣点，并不断地进行探索，那么玩也可以被视为一种学习。玩耍和运动对他们的成长具有很大影响，可以培养他们的竞争意识和合作精神，有助于开发智力，促进身心健康，还有助于他们掌握人际交往的技巧，提高社交能力。

（二）建立爱的联结

有时，父母在孩子身上付出了很多的时间和精力，可是为什么会感觉和孩子之间隔着一堵墙，不知道孩子真正想要的是什么，不知道孩子为什么不想读书，为什么迟交作业？这是因为父母和孩子平时太缺少互动和联结了。

而且父母要知道，孩子是没办法特别精准地表达自己的感受和情绪的，他们不像大人一样，对自我有清晰的觉察，也不太会清楚地跟父母表达："爸爸妈妈，我今天不开心，我们可以聊一聊吗？"一般孩子都不会这样做。

但爱玩，是人类的天性，哪个孩子都爱玩。他们不一定善于表达，可是在玩的过程中，他们很可能会把发生的事情和心情表现出来。比如，孩子被其他孩子排斥，他可能不会、也不愿意跟父母说其他孩子不跟自己玩，自己很难过，但是在玩游戏的时候，孩子很可能通过扮演那个孤立他的强势方，模仿那个孩子跟你说话，来发泄他的难过。

我们只有跟孩子一起玩了，才能知道孩子的这种需求，然后去陪孩子一起解决问题。通过这样有爱的互动和有效地去解决问题的经验，亲子关系会始终保持密切，这样孩子就知道遇到问题的时候可以向你求助。

匆匆忙忙的情感沟通很少能获得成功。为了能够意识到我们当下的感受和他人当下的感受，我们需要放慢脚步。感觉被爱以及它所引发的生物反应是由非言语线索激活的，这些信号包括语气、面部表情或者适当的身体接触。与说出口的话相比，非言语线索让我们感觉身边这个人对我们感兴趣、理解并且珍视我们。和他在一起时，我们会觉得很安全。我们甚至可以看到非言语线索在野生环境中的力量。在逃离了捕食者的追逐之后，动物们通常会用鼻子相互触碰，以此来释放压力。这种身体上的接触可以提供安全感，减轻压力。

的确，语言交流是有意义的，尤其是在与你所爱的人沟通时。但语言的影响力取决于那些没有说出口的内容是否成功地被表达出来。如果说话的内容与说话的方式不一致,我们立刻就能感觉出来,而且会变得困惑,充满怀疑。如果一个人说出的话与肢体语言不符,那么我们就不会感受到被这个人所爱。

在与孩子的互动过程中,为了有效地发现非言语线索,我们需要在每时每刻关注当下正在发生的事。非言语线索常常来得快,去得也快,所以密切关注尤为重要。如果我们太忙碌或者心思被其他事所占据,就无法以足够慢的节奏来进行情感沟通,那么对方就无法产生让人感觉被爱的激素。如果我们无法停下脚步,总是在计划着下一步该干什么,同时完成多重任务,或者只是因为太疲劳而无法集中注意力,那么就会错过让他人感觉被爱的机会。

总之,人类漫长的童年,换来了巨大的智力潜能。结果证明,这是一笔好买卖。我们的起步或许缓慢,但随着时间的推移,我们的智力超越了其他任何动物。因此,当我们的孩子或被留校或在奔跑玩闹中受伤,看上去似乎永远长不大,你要记得提醒自己,这个漫长而煎熬的发育过程最终会有回报。

孩子的成长规律

了解了孩子大脑中的变化,也揭秘了玩的重要性,那么从全面的视角看,孩子会有哪些统一的规律可追寻,可以帮助我们更好地了解孩子的行为?

我们都知道,孩子的发展千差万别,有的孩子早熟,某些方面成长得较快而有些能力发展得较慢。但总的来说,儿童的发展遵循着相似的模式。科学家们试图确定它的大致阶段，其中最著名的是让·皮亚杰提出的四个阶段理论，包括感知运动阶段（0~2岁）、前运算阶段（2~7岁）、具体运算阶段（7~11岁）和形式运算阶段（11岁及以上）。

在感知运动阶段，孩子们会发现自己的身体和周围世界之间的关系。他们会了解事物存在的持久性，即使事物不可见，事物也仍然存在。在前运算阶段，他们开始将感知动作内化为表象，建立符号功能。在具体运算阶段，孩子们开始在头脑中思考和解决问题，而不仅仅是动手。在形式运算阶段，他们会学习使用抽象逻辑概念并开始推理。你可以期望你的孩子在相对可预测的时间经历这些阶段的某些情景，这是自然发展规律之一。那么后天的培养呢？如果说培养比自然发展更有优势，它的优势又体现在哪里呢？

（一）孩子脑中的两方势力

首先让我们深入了解孩子的大脑，探究其中哪些区域在进行决策，哪些区域在调节压力、控制冲动。

第一，前额叶皮质。当使用前额叶皮质进行决策时，决策过程会呈现出冷静、理智的状态，这表明决策者能够有效地掌控和限制自己的行为。但是，当压力过大时，前额叶皮质的作用会失效。例如，跟人吵架或者生气时，会激动到说不出话。这就是因为压力太大，前额叶皮质的作用失效。也就是说前额叶皮质是冷静、理智的领航员，但它会在压力大时躲起来。

第二，杏仁核。当前额叶皮质躲起来后大脑由谁来接管呢？答案是交予杏仁核接管。杏仁核位于大脑中后部位，是在早期发育中最早长出来的部分，它是情绪化的掌控者。所以，你知道吗？当孩子压力过大时，会表现出易怒、大喊大叫，甚至躲避起来不愿交流，抑或陷入暴力状态，就是因为杏仁核在掌控我们孩子的大脑。如果这个压力是持续长期的，就会分泌出更多的压力荷尔蒙。

而压力荷尔蒙又与健康有着密不可分的关系。压力所带来的影响是：荷尔蒙水平快速攀升，但随后又能快速恢复，这是一种相对健康的压力状态，一旦荷尔蒙水平无法快速恢复，就会出现问题。在持续施加压力的情况下，肾上腺将进一步释放皮质醇，以维持其正常功能。皮质醇犹如人体为长期战斗而引入的增援，面对压力时其浓度在人体内逐渐升高，以协助身体应对压力。假若一匹斑马在遭遇狮子的攻击后得以幸免于难，那么在短短的45分钟内，它的皮质醇水平将会恢复到正常水平。相对而言，人类身体内的高浓度皮质醇存在着一种短暂的保留状态，这种状态可能会持续数天、数周，甚至数月之久，这种情况很容易引发一系列问题。长期维持较高的皮质醇水平会使海马体里的细胞弱化，最终导致其死亡，而海马体则是记忆创造和储存的场所。这就是为什么在急性压力下，学生会产生学习上的种种困难。

为了了解后天培养的优势，我们从前额叶皮质说到杏仁核，又从杏仁核说到压力，再从压力看到了体内皮质醇，最后从皮质醇了解到海马体，也就揭晓了孩子创造与记忆受损的真实原因。看似都是孩子大脑内部的关联作用，实则起因在外部环境。

有些家长可能会疑惑孩子成绩怎么突然下滑，试问："你们家是不是有人吵架？而且是频繁地吵架。"因吵架这个外部因素，身处其中的孩子的压力水平陡增,而当长期处于高压时,皮质醇分泌得多又存在于身体中较久,就会伤害海马体,海马体就是负责记忆和学习的地方,孩子的成绩就会被影响。

所以,如果理解大脑运转的少许原理,我们就会明白孩子的大脑是会受伤的,我们也就会明白不停地指责和唠叨对孩子是多么大的伤害。很多家长认为满怀着爱意的唠叨和指责是很正常的,不会对孩子有多大影响。但是试想,假如领导天天在你身边此般唠叨,那将何其痛苦。这是慢性压力,它会伤害到孩子的大脑,让大脑产生皮质醇,让前额叶皮质停止发育,或发育缓慢。所以当我们用心、用爱观察孩子时,能从孩子身上看到家庭教育的效果,甚至能看出一个家庭的状态。

大脑前额叶皮质如此重要,能让孩子有掌控感。那如何发展大脑前额叶皮质呢?在孩子一到两岁时,就可给予孩子这方面的训练。三岁以前帮助孩子发展好大脑前额叶皮质。如果某个孩子冷静、理智、成熟,看起来像个大人,可能就是因为他的大脑前额叶皮质层发育得较好。

但是若剥夺孩子的这部分权利,整天呵斥、威胁孩子,"把你送人了",甚至将孩子推至门外,孩子一直处于一种紧绷的情绪状态中,杏仁核会被赋予大脑的全部决策权,这将导致前额叶皮质的功能和发育受到抑制。杏仁核问题的解决之道在于,要么奋力抗争,要么屈服。许多孩子表现出对家长的谄媚和顺从,表现出乖巧懂事的样子,实则是为了在与家长相处的时间里平稳而过。

因此,为了使孩子具备自我控制的能力,必须促进其前额叶皮质的充分发育。如果没有充分开发前额叶皮层的话，那么就无法培养出自我控制力。首先为孩子提供充足的自主选择空间，以使其拥有更大的决策自主权。很多人觉得现在青少年很脆弱，自杀事件频出，那是因为他们缺乏自我决策的能力。孩子感到无论何时何地，他的言语都显得微不足道。

（二）识别孩子的压力

但是人不能没有压力。

第一类压力，正向压力。当斑马与狮子搏斗时，如果没有被狮子咬到，显然能锻炼斑马逃生的能力，其体内皮质醇快速上升，又快速地下降。

第二类压力，可承受压力。可承受压力会产生损害，但可复原。对于哺乳动物而言，如果在小老鼠出生时将其带离母鼠，对于双方来说都有很大的压力。但是若在十五分钟之内，让小鼠回到妈妈的身边，会发现母鼠会舔小老鼠的皮毛，安慰小鼠，让它舒服。小老鼠的行为会逐渐变得正常，且会越来越好，这就是可承受压力。

但是如果离开妈妈超过三个小时，研究者发现很多小老鼠不理它的妈妈，因完全受到伤害而断了母子之间的联结，这就是第三类压力，即毒性压力。而青少年时期的大脑又是获得毒性压力可能性最大的时期。

青少年的压力一方面来自学校课程和竞争，另一方面来自过度对于竞争的渲染和描述。给孩子造成长期毒性压力的是家长和老师制造的威胁和恐吓假象，导致孩子大脑受到损伤，自控力丧失。

一路芬芳
班主任工作漫谈

孩子会在什么情况下产生压力？第一，遇到新情况。第二，发生没想到的事情，即没有预期到会发生此般状况。第三，可能被伤害时。在事情发生后，孩子觉得受到恐吓、威胁。第四，难以把控时。孩子觉得在自己的能力范围内无法把控，无法承受。这些都是给青少年压力的主要来源。

了解人类大脑的特殊性，理解孩子成长中要经历的种种，掌握规律，能让我们更加理性地对待孩子成长中的困难。

环境对孩子的影响

对内，我们探及了孩子成长中的某些秘密，但是孩子的很多表现依旧让我们一头雾水，成长当然离不开外部环境的影响，可是不同的环境到底会对孩子产生多大多深的影响，让我们也探及一二。

（一）离开人类社会的孩子

无论孩子的天赋如何，成长的环境会对孩子产生深刻的影响，环境对孩子的天性究竟会产生什么样的影响呢？

1972年，有人在印度的森林里发现了男孩沙姆迪奥。他大约四岁，被发现时，正在和幼狼玩耍。他的牙齿锋利，指甲长而尖，擅长捕鸡。他不会说话，也不具备一个普通的四岁男孩应有的社交特征。政府部门的负责人把他接到了一处收容所，在那里，他不再吃生肉，但他也没有学会说话，只掌握了一些基本的手语沟通技巧。

1991年，在乌克兰的一处犬舍中，发现了年仅八岁的奥萨纳·马来亚。在她年仅两岁时，由于父母过度饮酒，导致她被遗弃，从此奥萨纳与狗共同生活。当奥萨纳被发现时，她以四肢着地的方式行走，同时还会发出犬吠和怒吼的声音。在语言表达方面，奥萨纳仅能运用"是"和"不是"。回到文明社会后，最终，奥萨纳掌握了一些交际技巧，在她所居住的医疗机构中与农场中的动物共同生活。

另外一个例子是约翰，他年仅三岁时，目睹了父亲残忍地夺去母亲的生命，于是他闯入了乌干达茂密的森林之中。在那里，他和猴子一起生活了三年。其间，约翰学会了爬树和寻找食物。约翰最终学会了适应人类的生活。他的语言能力有限，但他歌声非常美妙，甚至加入了非洲儿童合唱团。

虽然案例有些极端，但沙姆迪奥、奥萨纳和约翰的故事充分说明了环境对儿童成长的影响。

（二）家庭遗传给孩子什么

孩子的焦虑有 50% 以上来自焦虑的父母对其的影响。表观遗传学研究表明，环境刺激对儿童情绪和心理疾病有深远的影响。童年的精神创伤不仅会改变基因的表达方式，也可能导致其他心理问题。表观基因由后天、外在环境开启。对于那些曾在校园暴力中遭受伤害的孩子而言，他们的表观基因中蕴含着恐惧和胆怯，这些基因一旦被激活，就会遗传下来。

而父母焦虑的情绪又来自哪里？可能是由于家庭财务状况不佳、工作环境不佳、邻里关系紧张或孩子作业未完成而导致的情绪波动等。父母的不良情绪传导给孩子，对孩子构成压力。焦虑是一种负面情绪，它不仅对儿童有负面影响，也影响着成年人和老年人的心理健康。如果父母总是对孩子的行为表现出挑剔、怀疑、控制的态度，那么孩子的行为就会呈现出一种叛逆的倾向。焦虑的父母往往会对孩子的心理状态产生负面影响。

焦虑、抑郁、恐惧情绪可能遗传。当然平静的心态也可以遗传。"非焦虑临在"是一种具有学术性质的术语，指的是当你出现时，孩子会感受到一种无须担忧的宁静。因此，我们应该确立一个微小的目标，成为孩子的"非焦虑临在"，让孩子在见到我们时感到宁静和愉悦，愿意投身于我们的怀抱，愿意与我们分享快乐，而不是因为我们的出现而感到紧张、逃避或浑身冒汗。

（三）当今时代造就的"技术野兽"

现代儿童从小沉浸在电视、手机和游戏的世界中，屏幕已经成为他们成长过程中不可或缺的一部分。我们称这代孩子为"技术野兽"。但是如果孩子不使用手机、电脑，我们又会害怕他们跟不上时代的步伐。由于这份担忧，我们的孩子必须掌握使用手机和电脑的技能，这是一种具有强大威力的技能，不使用也是不可能的。手机、电脑是孩子使用的重要电子产品，但对孩子健康和学习都有很大危害。对于儿童的大脑而言，电子产品所带来的负面影响也是显而易见的。

那么，我们应该采取何种措施来解决这个问题？我们不能完全剥夺孩子的电子产品，我们需要做的是将其"驯化"。

对于"驯化"，有以下几点建议。

第一，作为家长，要管好自己，让手机远离自己。

第二，要对孩子用手机表示理解，甚至可以跟他一块儿玩玩游戏。就是要对他表示出对游戏的理解，对于手机时代的理解。

第三，回归自然。很多孩子在森林中、沙漠里、海边玩耍时,会想不起来手机。很多孩子说"要用手机干吗,我想不出来有什么事要用手机",他就开始对手机疏远。所以要给孩子创造接触自然的机会。

第四,"告知而非说教"。说教没有用,前面讲了那么多,说教、恐吓、抢手机、把手机摔烂,这样的方式愚蠢又没有用。我们要做的是告知,告诉孩子玩手机对大脑的伤害是怎么产生的,没有自控力这个人会怎么样,眼睛看坏了这个人会怎么样。告诉他,然后让他自己选择,眼睛真看坏了,让他自己承受这样的后果。

随后,我们与孩子商讨如何解决手机问题,并最终确定一个可行的解决方案。孩子有时候对制订的计划不能完全执行,打破计划之后不必过于担心,只要再制订即可。我们每个人都有制订计划的时候,总想让自己的目标更高更远,但是,我们容易对孩子打破计划这件事产生过度的反应。

在任何情况下,都必须设立一个明确的界限,这是至关重要的。为了确保孩子正确使用手机,家长需要了解其手机账号信息,并定期进行检查。对孩子进行约束是我们的职责。为了确保孩子不会受到暴力、血腥、黄色或赌博等不良行为的侵害,必须采取措施,以确保他们不会受到影响。有时候,设立明确的准则并持之以恒地引导孩子遵守规则,是最具成效的方法。

(四)真正应该给予孩子的沃土是什么

孩子天然地亲近自然,亲近自然中的一切生命。某种程度上,孩子自己就是自然,就是自然中的一个生命。然而,在当下儿童的成长过程中,自然与他们的生活环境相距甚远。另一方面，他们所处的文化环境也呈现出一种非自然的特质，他们从小就被电子游戏、太空动漫、教辅等产品所环绕，屏蔽了亲近自然的本性。

我们正在以内外两方面的手段割裂孩子与自然之间的纽带，剥夺他们的童年时光。

个人觉得，一个人的童年，最好在乡间度过。所有的生命，无论是植物、动物还是人类，都源自土地，从出生到最终归于土地，这是一个不可避免的事实。上帝对亚当说："你是用尘土造的，你还要归于尘土。"在人类社会中，那已经被人们所淡忘的东西，如土地、河流和森林，仍然存在于我们的心中。在乡村，那些初来乍到的生命依然能够与土地亲密接触，从土地中汲取养分。

在乡村，童年最值得回忆。童年是一个充满生机和活力的时期，而乡村则为其提供了一个同样充满生机和活力的成长环境。在农村，孩子们的生命并不孤单，因为那里有许多同伴，可以与树木、草地、野兔、家畜和昆虫进行无声的交流，这让孩子本能地感受到自己是大自然生命共同体的一部分。生活在城市里的孩子则不同，他们远离了泥土，他们被机器所包围，他们与汽车为伍，他们被各种噪声所淹没，他们与工厂为伴，他们与电视为友，他们与自然保持着距离。相对而言，城市中的孩子们在生命的旅途中更容易感到孤独无助，因为他们远离了土地和丰富的生命资源，与自然界的生命共同体失去了联系。拥有自然气息的童年世界，应该是一个快乐、自由、轻松的生活乐园，应该是一个充满阳光、空气、水的地方。

二、认识青春期的少年们

在上节内容中,我们对孩子有了初步了解,在本章节让我们来了解孩子成长中的一个特殊阶段,即青春期。

迎着清晨的阳光进入校园,孩子们汲取知识,好奇心得到满足,对于心中的各类疑问找到了解决方法,这一天他们应该是充足而快乐的;伴着夕阳走出校园时,孩子们应该是充满成就感和自豪感的,因为学习使人快乐。升入初中,孩子应该是渴求和喜悦的,因为他们可以获取更加深奥的知识,求知的愿望即将得到满足。

可是初中的孩子却遇上了青春期。

青春期的挑战

在面对处于青春期的孩子时,我们每个人都有机会进行自我成长,这是一次非常难得的机会。青春期的孩子有许多不同于成年人的地方,比如他们会对自己产生很大的好奇。随着青春期的到来,他们也给家庭带来了独特的挑战和考验。

如果你希望保持现状,单纯地、开心地迎接孩子的成长,那这般想法就太过于幼稚了。孩子会给我们带来新的思考和经验。因此,随着孩子所带来的挑战,我们也在逐渐迈向更高层次的成熟阶段。

对于我们而言,孩子正处于青春期,这也是父母的第二个青春期。在这种情况下,我们必须学会与孩子共度时光,因为这是他对我们的最后一次依恋。

一路芬芳
班主任工作漫谈

每年大约有3200万青少年在学校及网络中遭遇各种欺凌行为，120万青少年辍学。据统计，每日有数千名学生因辍学而无法继续接受教育。为什么我们会对青春期的教育如此重视？在青春期，随着孩子荷尔蒙的分泌和身体的快速增长，大脑却未能跟上身体的步伐，导致享受欲望的部分过早地发育，而控制身体的那部分大脑却未得到充分发育，这也是为何青春期会出现如此多的问题的原因。青春期的孩子，他们的心智还未完全发育完善，他们的认知水平有限，他们的注意力容易分散，他们的情绪尚不稳定。

青春期的教育让每位教育者慎之又慎。

初中阶段，学生的身、心和品德迅速发展，自我意识和自主性大大增强，自我教育和自我管理能力逐步提升，开始从他律逐渐转为自律，从遵守教师的教导逐渐转为遵守道德准则，人生观、道德观、价值观开始逐步形成。但初中阶段的学生又处在心理发展和品德发展的动荡期，主要表现为成熟性与幼稚性同在、独立性与依赖性并存、自觉性与盲目性兼有，心理上具有半成熟半幼稚的典型矛盾特征。一方面，初中生的道德思维能力、抽象概括能力和辩证思维能力都得到较好的发展，能积极、主动、独立地去思考和处理问题，对教师和权威不再盲从，开始思考和追问相关规则和要求的底层逻辑。但另一方面，他们又难以理性、辩证地去思考问题，既渴望行动上的自由，在心理上又容易依附他人，加之正处于青春叛逆期，心理敏感脆弱，容易受偏激观念的影响。

青春期的各个阶段

青春期有如此多的挑战。首先，我们来全面了解一下青春期各个阶段孩子的共性。

11~12岁

多变、缺乏安全感、犹豫不决是这个阶段孩子的共性。孩子们表现出对新技巧和具有挑战性事物的浓厚兴趣，逐渐具备了理解抽象概念的能力，并开始从多个角度看待这个世界，积极寻找他人行为的动机。他们喜欢冒险，喜欢挑战自我，喜欢去做一些不知道应该如何完成的事情。他们更容易说谎，更看重感官刺激，而轻视坚持和实践的作用。在此阶段，孩子们仍然表现出与父母共度时光的强烈渴望。我们可以选择与孩子共同策划、共同思考有意义的活动；我们也可以和孩子共同分享成长过程中遇到的烦恼和困惑，建立亲密关系。

12~14岁

好奇、易怒、不稳定是这个阶段孩子的共性。我们应该重点培养孩子对周围事物有清晰认识的能力。与孩子共同制定一套规范和条款，并获得他们的认可，这将有助于我们成为公正的权威人士。在尊重的前提下密切关注他们的行踪；在尊重孩子的前提下，与他们保持联系，但同时也要给予他们适当的空间。

14~15岁

合群、冲动，喜欢寻根问底是这个阶段孩子的共性。孩子在这个阶段会认为，人与人之间应该有友谊和信任，这样才能使彼此更加和谐。因此，随着时间的推移，青少年的生活焦点逐渐转向了与朋友建立友谊。在这个阶段，我们最重要的工作之一便是教孩子如何与人交往，而与人交往中最为关键的一点就是沟通和理解，这就需要有好的老师、好的家长以及好的同伴。让他们懂得真正的朋友是什么，真正的宽容是什么，真正的关心是什么。

在这一阶段中，父母要学会如何和孩子相处，培养孩子独立思考的能力，并帮助孩子认识自我、了解自己，从而获得成长。在这个年龄段，孩子的思维方式类似于哲学家，因此他们更倾向于提出问题，以追求自由为行为动机。孩子喜欢玩的东西比较多，但如果父母不能满足其好奇心和求知欲，孩子就可能选择不做，或者干脆放弃了。因此，应尽可能地让他们自主选择，以达到最佳效果。在社交方面，要尊重孩子的想法，不能强加于人，也不要强迫孩子做某件事情，否则会伤害到孩子的自尊心和自信心。在面对孩子谈恋爱时，我们应该给予他们足够的自主权，不要施加过多的压力，让他们稍微放松一些，告诉他们底线在哪里，同时给予他们足够的自由空间，这样他们就不会被外界的压力所束缚，也不会被情感所束缚。在情感和情绪方面，做出选择可以增强孩子的自信心，而不是简单地套用规则。因此，应为孩子们提供更多选择。

15～16岁

叛逆冒险、勇于尝试是这个阶段孩子的共性。这个阶段的孩子最需要父母的鼓励和支持。父母应该用什么方法去激励他们呢？在追求自由的过程中，成人扮演着重要的角色，他们需要帮助孩子树立正确的价值观，而关键的行动则是争取其他成年人的支持，为孩子创造机会，让他们接触到更多能够帮助他们建立正确价值观的成年人。实际上,优秀的电影作品是值得推荐的,让孩子看到这些优秀的作品。在与这个阶段的孩子相处时,要主动出击,即使孩子试图推开你,也要争取他们的信任,为他们写卡片、发送信息,出其不意地带他们出去吃午餐,陪伴依旧是非常重要的。

积极寻找机会激励他们去体验生活,比如可以去支教,可以去长途徒步,让他们置身于充满挑战的环境中,从而激发他们的潜能。

孩子面临的一些挑战是我们这个时代特有的。持续的压力会对孩子产生长期的影响及后果,使他们提前成为充满焦虑和患有慢性疾病的成年人。所以,重视青春期孩子的心理特性,了解他们行为背后的内在变化,在适当的时候给予适当的引导,帮助他们顺利度过青春期是我们每位陪护者的职责。

青春期孩子的压力

我们的研究对象是青少年,他们是人群中最年轻、最有朝气、最喜欢学习、最容易接受新事物、最具丰富情感、个性独特的群体。

许多孩子抱怨,他们觉得自己的日程被排得太满了,没有任何切实可行减负的选择。此外,他们还要面对来自同龄人的竞争压力及学校里的社交挑战。孩子们几乎所有睡眠以外的时间都被分配、规划和计划着,他们几乎没有时间做一个"孩子"。很多孩子认为,他们难以掌握自己在家里和学校的时间,这是他们压力激增的主要原因。

此外，孩子还要面对来自家庭不和谐的压力，如父母吵架、经济负担、手足互虐，以及被迫与兄弟姐妹相比较。孩子们在人生的某个阶段都会或多或少地面临一些这样的问题，几种压力的组合则可能对日常生活产生深远负面影响。这些压力会被其他趋势所掩盖。

总体来讲，青春期有这么几个特点。

第一，内心矛盾，摇摆不定。

第二，孩子往往对自己的形象很难满意。

第三，有时候见到父母就会生气。

孩子小时候从来不会有这个问题，但是到了青春期以后，他时常会有一种愤怒的情绪。他觉得，你能不能别这样？

你就算简单地问他一个问题，他也会觉得，你不要烦我。他们见到父母就容易生气。

第四，以自我为中心特点明显。他想问题、思考问题更多的都是从自己的感受出发。他把自己的爱好当作全世界的爱好，他把自己的偶像当作全世界人的偶像。他觉得，你们都应该喜欢这些人，但是没想到世界上大部分的人根本就不知道他的偶像是谁。

第五，特别在意个人隐私。有些事如果在10岁以前，或者更小一点的时候，他会觉得无所谓，大家可以拿出来讲。但是到了青春期以后，很多话题他不愿意让别人知道。

第六，情绪和人际关系多变。你会发现，他一会儿跟这几个孩子玩得好，过两天闹掰了，又跟那几个孩子好了。另外，他的情绪还起伏不定。

一个人的青春期到底有多长？这个问题现在其实没有定论。过去我们讲，13 岁、14 岁青春期开始。现在大家发现，青春期在提前，有很多孩子 10 岁、11 岁就已经开始出现各种各样青春期的问题了。

其实，你要知道，孩子并不是不愿意跟你沟通，他会跟你说，他会交流。但是，你需要记住这么几点。

第一，他不总在你选的时间里跟你交流。他长大了，没那么配合了。所以，他会跟你交流，但不是在你选的时间。

第二，他会跟你交流，但是他不会谈论他认为的隐私，他的隐私范围变大了。

第三，他会跟你交流，但是你不能用审讯的态度。我们过去经常会居高临下地跟他说话，但他对这种审讯的态度变得很敏感。

第四，他会跟你交流，但是如果你表现得很忙，或者心不在焉，或者经常被打扰的状况下，他是不愿意说的。

所以，青春期的孩子其实对父母有非常强烈的依恋。他非常需要得到父母的帮助，尽管从表面上看起来，好像他在不断地远离这个家。

孩子需要从成人处得到大量的认同，孩子需要跟家长、教师不断地互动，去找到生活的边界，去了解成年人到底怎样在这个社会上生存。

父母能够给孩子提供什么？简单地讲有以下几点。

第一，温暖、养育和爱。让他感受到家里的温暖、归属感。

第二，稳定性。孩子的头脑当中，每天是翻天覆地的。他在青春期的时候是不稳定的，情绪起伏很大。在学校里，有大量的人际关系的变化、学业成绩的挑战。他面临的是一个疯狂的世界，但是回到家里是稳定的。家人给他提供了一个稳定的家庭环境。

第三，遇到困难时的支持。别看他那么嚣张，别看他觉得自己已经长大了，但是真正遇到困难的时候，能够帮到他的依然是父母。

第四，对青少年重要性的认可。你得支持他、关注他，让他感受到父母知道他在成长，知道他所面临的困难。

第五，合理安排和规定界限。因为青少年的情绪像坐过山车，所以，他有时候会突破界限。

如果一个人在青少年的时候，做了一件危险的事情突破了界限，那很有可能会造成终身的伤害。可能这一辈子都会为此付出代价。所以，我们作为成年人，需要给孩子做出合理安排和规定一定的界限。

第六，一个支持大脑健康发展的环境。了解孩子大脑发育的原理，给他提供一个良好的环境，让他的前额叶皮质能够更快地发育。如果他的前额叶皮质的发育比他的杏仁核发育来得快，那他就会比较平稳地度过青春期。

但是，到了青春期后，比如初二、初三，或者高中，孩子学业压力很重的时候，父母再问说："怎么样，作业做了吗，在学校里感觉怎么样？"孩子大脑当中就会出现一个"权力关系过滤器"。他认为，这种话代表着你在我上面，这种话代表着你又想控制我，你想管着我的生活。"过滤器"只要一出现，所有的话就会被过滤掉，他不理你，不说话了。

初中阶段的学生处在心理和品德发展的动荡期，是性格塑造和价值观形成的关键期，我们能做的远比我们了解的要多得多。

三、认识学校

学校的使命

从以上两节内容,我们对孩子有了比较全面的了解。那么,请转换视角,我们来了解下担负重大教育使命的学校。

若教育即生长,那学校的职责就在于为学生提供一个优越的学习环境,以助其茁壮成长。

第一,创造宽松和谐的校园环境。

当前的应试教育应尽量为学生提供充足的自主时间,以便他们能够充分发挥自身的个性和兴趣。如果学生无法支配自己的时间,会对他们的成长造成不利影响。

第二,拥有优秀的老师。

为了促进学生的成长,学校需要提供优越的硬件设施,而对于学生而言,最直接、最有效的软件设施是什么呢?是老师。如果一所学校没有优秀的老师,那么这个学校就很难成为好学校,它不可能成为社会需要的人才基地。因此,评估一所学校的优劣,最重要的不在于其硬件设施,而在于其是否拥有杰出的教师。

那么,何为卓越的教育者?我们要让学生在智力、情感和道德上都发展得好,那么老师自己首先应该是这样的人,具备优良的精神素质,是智力活泼、心灵丰富、灵魂高贵的人。老师对学生不只是通过上课传授一些知识,最重要的影响是老师自己的素质和行为对学生的熏陶。很多伟人和优秀人物,他们回忆学生时代某个老师对他的影响,往往心智优秀的老师对学生的影响是一辈子的，学生永远不会忘记。所以，真正重视素质教育，对老师的要求一定是更高的。怀特海说过，大学教育的核心问题是要有一批心灵高贵、智力活跃的老师，由他们去影响学生。这样的老师会在学生周围形成一个磁场，在无形中发生作用，使学生对美好的心智生活心向往之，同时也能影响到学生的人生观和价值观。

第三，要爱学生。

就像英国哲学家罗素说的，身为教师必须有博大的父母本能，把学生都当作自己的孩子，一切都是为了学生。

在中华民族走向伟大复兴的时代，我们呼唤教育家型教师。会教书又会育人的是人类灵魂的工程师，而形成自己独特教育理念和教育风格的"工程师"为教育家型教师。

教育家型教师的成长，除了自身的努力，还需要机遇与外力的支持。如何成长为教育家型教师？有两点很重要。

1. 要有解决时代性困境的情怀与智慧

古语说，要立德、立功、立言，这对教育家型教师来说是最贴切不过的。"立功"，就是要解决时代性困境。比如，在陶行知生活的年代，国民基本为文盲，陶先生的"乡村教育"正是针对这个时代性困境提出的。再比如，陈鹤琴针对幼儿习惯教育几乎空白的现实，探索开设"幼稚园"，也是针对这个时代性困境提出的。

当前我国教育取得了巨大成就，但时代性困境也很明显。比如，从南到北、从城市到农村，随处可见孩子挣扎在作业堆的"民族之痛"，不断增长的学生近视率也很常见。比如，我们的教育存在忽视孩子的个性与独立人格的问题，统一的教材、统一的进度、统一的要求，而每个孩子都是不一样的。共性与个性的矛盾如何调和？找到解除这些时代性困境的方法，是有志者应有的家国情怀。

2.需要理论团队的个性化支持

相当多的名师有着真才实学。但是，从名师到教育家型教师，需要的是将独特的教育理念升华为个性化的理论、个性化的思想。

一些有情怀的理论工作者，深入教育一线，发现并帮助有情怀、有潜力的名师，提升、发展名师的个性化教育理论。名师获得如此资源，那是很荣幸的，更要珍惜机遇，加强学习，加快成长。

期待着年轻教师志存高远，在中华民族伟大复兴的进程中，敢于创新，巧抓机遇，不断地追求专业上的成长，更期待更多的教育家型教师逐步涌现。

第四，重视学校的社交作用。

在教育中发展社交有以下原因。

一个原因是，学习本质上就是社会性的。孩子如何学会说话只是一个例子，他们是通过倾听周围的人说话来学习的。总的来说，我们学到的很多东西都是同别人一起学的，或从别人那里学到的。通过小组合作，学生可以学会与他人合作解决问题，取长补短，生成和分享想法，实现共同的目标。孩子们可以在合作中学会谈判、解决冲突，达成一致的解决方案。最好学校能支持这一方式，并通过小组活动、合作项目积极鼓励社会学习。遗憾的是，并不是所有的学校都在这么做。在很多教室里，孩子们仍然在独自学习。他们坐在课桌前，双臂环绕着自己的作业，这样别人就无法抄袭，也不会被指责作弊。不断进行测试的竞争文化强化了将学习视为一种独立活动的倾向。

强调教育的社交作用还有社会学以及经济学的意义。正如我们之前提到的，对于一些年轻人来说，沉迷于社交媒体会让他们在面对面的关系中感到尴尬。通过鼓励学生一起学习、玩耍和工作，学校可以缓解这些问题，而不仅仅是让孩子在学校里取得好成绩。社会学习有很强的经济学意义，且好处多多。在学校之外，人们生活在高度复杂的社区中，超过一半的人生活在规模巨大的城市中，有些甚至是超过两千万人口的大城市。与他人合作的能力将我们的社区团结在一起，它对满足人们的日常生活需要至关重要，对我们共同面临的更大挑战也至关重要。

展望未来学校

最初的学校教育是为了给工业化生产培养读、写、算能力的人才。在工业化时代，知识还不像现在这样以泛在化的形式呈现，知识集中在少数人的手里。社会中大部分公民都没有接受过系统教育。所以社会需要快速地制造出拥有基本读、写、算能力的人，进而把社会的教育资源集中到一个称之为学校的地方。

在学校学生根据标准接受统一的教育，显然这个标准并不是针对每个人的需要而产生的。在工业时代，这种教育方式有其合理性，因为可以快速地制造人才。但是，很显然这种方式没有考虑个性化需求。

有人曾言：200年前的交通，与今天的交通大不一样；200年前的通信，与今天的通信大不一样；200年前人们的娱乐方式，与今天的娱乐方式大不一样；但是唯一200年前的教室，与今天的教室，几乎一模一样。

随着互联网、大数据、区块链、人工智能技术的发展，我们是否也可以展望一下未来的学校。就像朱永新教授展望的那般，学校退出历史舞台，学习中心以全新的面貌呈现。未来学校的基本特征是开放、共享的学习体系；取消固定班级和教室，学生根据自身情况走班上课，管理扁平化、服务化，学习中心可以是学校、图书馆、科技馆，甚至是网络空间。当前的多数教育机构可以改造为学习中心；没有统一教材，允许教师和学生使用适合自己的教材；全天候开放，没有周末、寒暑假，没有上学、放学时间；没有学制，没有统一的入学年龄限制；教师成为自主学习的指导者和陪伴者。未来教育以学生为主，学习回归生活。

当下，知识以泛在化形式逐渐呈现，逐步可实现任何人可以在任何地方和时间，以任何方式学习。必须到学校学习知识的时代似乎已经要远去了。学校让每一个人学同样的东西，有悖个体自我成长的规律，个体学习需要的是一个更加开放、更加个性化的空间。

学习中心的提出也是希望给学生留出足够的空间去构建自己的知识体系，真正的知识应该是自己逐渐建构起来的。比如，孩子喜欢航天，在学习航天知识时，发现需要学习物理、数学，他会因为要探索航天知识而针对性地开始学物理、数学，在他探索的过程中，很多知识很清晰地纳入他自己的知识储备结构里。

一路芬芳
班主任工作漫谈

　　学校，应该是汇聚美好事物的中心。也就是说，各种美好的知识、美好的艺术、美好的技能，都能汇聚到学校，然后让学生和它们相遇。学生根据自己的天赋和志趣在学校与所需的美好相遇，然后去探索、去深入，进而成为完满的自己。

　　过去，整个教育是为找工作做准备的。就是说，只要接受完教育，工作后就基本不需要再教育，不需要再学习。

　　现在则不同。

　　第一，整个社会工作结构发生很大的变化，职业不断地在变化或消失，又不断地在产生。所以教育已经没办法为一个人的职业做有针对性的准备。

　　第二，未来一个人的职业一生中会有多次变化。任何大学都没办法为他的工作做好充分的准备。所以为职业做准备更多的是素养的准备，是终身学习能力的准备。比如世界五百强公司，招人基本上很少看专业背景，而是多看能力，看领导力，看创新力。所以教育应该是注重于基本素养和终身学习能力的培养，注重帮助孩子找到自己的天赋和志趣，而不是针对具体的某一类职业。具体的知识、职业性的技能是可以通过岗位的训练实现的。未来，如果社会有更加合理、更加精准识人的标准，学历的标签将失去意义。

　　另外，学校还要注重丰富饱满的人性培养。我们知道阅读的高度决定了精神的高度。费尔巴哈说，人是他自己食物的产物。即你阅读什么，就会成为什么。所以把有限的时间用来读最好的书，毫无疑问是最值得的。

　　还有，健康是硬道理。所以我们要把安全和健康的所有知识放进我们的生命教育课。怎么吃饭、怎么睡觉、怎么喝水、怎么救人、碰到紧急场合下怎么避难，都要教给学生。这些对学生的一生是非常有用的。

人是社会的人，生命是有宽度的。所以要思考如何成为受人尊敬、受人欢迎的人；同时生命是有高度的，人要过精神生活。这些都是基础课。在生命至上的理念下，教给孩子真善美。

过去只有在学校里才有课本，才有教室，才有内容，才有老师传授知识。现在不一样，现在是知识泛在化，我们不一定需要进入指定的空间去学习。所以学校也在变革。学校应该是一个更加开放的、更加个性化的空间，能满足孩子不同的自我成长需求。

现在科学已经证明，0~7岁是人脑发展的最关键的时期。孩子的认知风格、行为习惯、个性特征，其实都在这个最关键的时期形成了。现在很多父母往往在生孩子以后，进入工作最繁忙、最紧张、压力最大的阶段，经济压力也成为生活中最大的压力。所以很多父母就把养育孩子的责任交给长辈，隔代教养。隔代教养由于情感的原因，又会产生宠溺等问题。

家庭教育很重要。在未来，很可能父母的一方会选择在孩子成长的关键期，陪伴孩子一起成长、一起学习。所以未来孩子会更多地接受父母参与的教育。父母们最好在成为父母之前，就掌握对孩子的基本认知，了解儿童成长关键期的意义和价值。

现在的父母懂得择校，那未来也应该懂得去选择最适合孩子的学习中心。因为每个孩子有不同的学习需要，未来的学习中心很可能是专业化和专门化的。所谓专业化专门化，就是在某段时间集中精力钻研某项技能或专攻某个领域。社会的每一个知识和技能体系，都会有它相应的学习中心或者是研究中心。

所以，未来对父母提出了更高的要求。第一，父母要更多地懂得和研究孩子，要懂得孩子的个性，懂得孩子的发展潜能。第二，父母要深知学习中心的妙处，能够激发孩子的潜能。

四、家庭的改变

给家长的几点建议

认识了孩子，又认识了学校，那么在教育中必谈的另一个主体就是家庭。有人说家长将自己"玩坏"的孩子在适龄阶段丢给学校就万事大吉，当孩子偏离轨迹时，就抱怨学校的种种不当。然而，家庭在教育中的地位谁能撼动？

家庭在教育中的主动探索，从以下开始。

第一，家长放下对孩子、对家庭的过多期待，参与到每一天生活的互动中，从期待转变为实际行动。

"从无心的反应，到用心的陪伴。"突然之间一股无名火起来了，暴怒，这个属于无心的反应。

第二，为什么孩子过了青春期以后，不愿意跟家长说话？因为无论孩子跟家长说什么，随之而来的都可能是一大堆的"教育"。你应该怎么样，你不应该怎么样，不要去关注什么东西。难道你不能投入地跟他聊一聊球赛，投入地跟他聊一聊鞋子，投入地跟他聊一聊一款游戏、一段音乐？只有这时候，孩子才愿意在你面前展现他丰富多彩的世界。不要总觉得是孩子在远离你。

请注意，当你想象自己应该怎么样的时候，其实已经代表着心不在焉，你心里对当下的生活根本就不满意。你甚至想要走捷径，比如直接向宇宙下个"订单"，要点什么东西，这样的生活是痛苦的，根本不是开心的。生活本身就很丰盛，你不需要向谁下订单，你只要享受你此刻的生活，然后努力地把每一天过好。

很多时候，家长的反应正好是孩子的情绪触发点。家长对孩子的教育，将影响他将来对他的孩子的教育，他也会产生他的情绪触发点。我们要让孩子感受到因果关系，而不是批判他的本性。很多家长喜欢给孩子下定义，说："这是你的本性，你就是这样的一个人，你就是一个懒的人，你就是一个不讲卫生的人。"这是在说本性。

但其实我们要让孩子感受到因果关系。因果关系是什么呢？如果不收拾房间，我们的生活环境会很糟糕。今天不收拾完这个房间就不能吃晚饭，咱们要一块儿打扫卫生。这是结果，要让他感受到自然的结果，而不是用本性的东西来定义他。这需要我们学会用心地去陪伴，不再盲目地反应，而是开始真挚地表达。跟孩子说话，要走心，不是唱高调，不是说那些站在高处教训人的话。这就叫——从无心的反应，到用心的陪伴。

第三，"从混乱到平静"。我们生活的外部会不断地产生各种各样的变化，如果家长因为得到一些外在的物质奖励而特别兴奋，比如说得了奖金很兴奋，买了房子很兴奋，买了车子很兴奋，孩子得了"三好"学生很兴奋，家长总是因为这些外在的东西感到很兴奋，那么会对孩子产生的影响是什么呢？孩子很可能就会用外在的东西来定义自己，他会觉得只有得到这些外在的东西才代表着成功。

所以对于一个家长来讲,保持淡定的情绪其实是非常重要的。我们经常会为一些内在的成长而感到喜悦,会为一家人在一起吃饭感到开心,会为大家在一块儿看了一场电影而觉得非常快乐,这种内在的喜悦是能够打败混乱的一种平静,这种静默的力量是很强的。

很多家长在孩子出现了行为问题时,第一反应就是威胁,一张口就想要快速地解决这个问题,这样会导致孩子产生更严重的逆反心理,进而产生争吵,所以很多家庭长期处在混乱当中。老子曾经讲过一句话:"重为轻根,静为躁君。"这是《道德经》里的话,意思就是一个人不重则不威。如果你能够学会冷静,拥有沉静的力量,展现出父母真正的尊严,不是靠大喊大叫,而是靠你平静的情绪,而且你还能够倾听孩子,那么你在家里的话语权会更大。一个家里,并非声音越大,权威就越大。

用教师的爱启迪家长

家是一个集体,家中的每一方都需要付出努力才能让这个集体变得越来越好。教育在家中的重要性不言而喻,而孩子主要的活动场所是家与学校,这两方之间如果没有沟通,又怎会让教育走向统一和谐?以下是我在家校沟通方面所做的一点探索。

开学第一天,我走进叽叽喳喳的教室里,忽然就安静了,一双双好奇的眼睛齐刷刷地向我看来,他们肯定在猜测我的身份以及我会说些什么、做些什么。与此同时,我也望向这一张张脸庞,心里在揣测每个孩子的性格,也似乎看到了每张面孔后面家长殷切的期望，这既是挑战也是压力。

我当班主任已经十几个年头了，初中每三年一个循环，在外人看来应该是轻车熟路，其实在接手每一届新生时，我都会有完全不同的感受。同一届中孩子和孩子间有很大的差别，有的活泼好动，有的羞涩内敛，有的急于表现，有的"呵呵"飘过。不管是什么特点的学生，家庭教育和学校教育的统一性是一致的，所以，新生一入校，我就着手准备家长座谈会。首先，我利用两周时间记住了每个孩子的名字，对他们的个人情况和家庭背景有个初步的了解，这样有利于与家长互动。其次，利用QQ、微信这些家校联系方式，发布了一些关于如何协助孩子顺利过渡的文章和案例，以引起家长的关注。最后，做好学生的思想工作，这是关键。当我向孩子们宣布我们要召开一次家长座谈会时，大部分孩子显得紧张不安，显然他们误以为这是一次"家长批斗会"，甚至有些孩子小声嘀咕："这么快就要告状了？"有两个"小刺头"居然马上举手说："老师，我爸妈要看铺子，来不了。"看来他们已经对家长会有了自己的对策。一小阵风波过去后，我笑着对大家说："现在老师对你们做出以下承诺。第一，绝对不单独留下任何一位家长；第二，绝对不点名说任何一位同学；第三，要让你们的家长签下一份特殊的'保证书'，而且你们享有绝对的评价权！"说到这，孩子们惊讶了，他们似乎都不敢相信自己的耳朵。我接着说，这次和家长见面，就是为了代表你们给家长们好好上一堂课，让爸爸妈妈更了解你们，更愿意倾听你们的想法，更要做好随时帮助你们的准备。就这样，开学两周后的周五，在孩子们半信半疑当中，我主持召开了初一的第一次主题班会，也是上课对象很特殊的一次班会，即家长座谈会。

(一) 给家长的一堂课

全班五十四位家长全部到齐，我用做好的PPT来展示小学生与中学生的心理及生理变化。从心理方面讲，他们从幼稚走向成熟，从依赖走向独立，逐渐有成人感，但情绪不够稳定，正是由于这些新特点的出现，常使他们处于半成熟、半幼稚，半儿童、半成人的状态，心理比较脆弱，抗挫折能力较差。这个时期的孩子在学习生活中一旦与同学老师发生矛盾，就容易走向极端（PPT当中展示几个实际报道过的案例）。家长应该为孩子创设一些挫折情景，给孩子处理事件的机会，充当朋友的角色，给予合理的建议，而不是事事干涉，甚至强迫孩子按自己的方法去解决问题。有首散文诗写得非常好——《牵一只蜗牛去散步》（我把这首散文诗打印出来分发给了各位家长）。诗中谈到，我们培养孩子的过程应该像牵着蜗牛散步一样，允许他慢一点，但不要错过了沿途的风景。许多家长在生活中不断地催促孩子，为了让孩子少走弯路，不惜用各种方式强迫孩子听从自己的安排，觉得自己的安排才是最合理高效的。殊不知，这本来就违背了自然生长的规律，也许到头来弯路走得更多。当然这不是让大家放任自流的意思，我们家长更应该做的是像朋友一样认真倾听孩子的声音，做到真正的互相尊重。这里我也给大家举出实例，说明孩子过渡期心理健康的重要性。

(二) 一位叛逆少年的前因后果

我班上一位2014年毕业的姓李的学生让我印象深刻。初一的他活泼好动，思维敏捷，但却不能遵守纪律，遇到和同学之间的一点矛盾就会歇斯底里地发脾气。我找他谈话时，他又表现出一种成人般的懂事，态度诚恳，想法积极向上。但事情总是在两个极端中摇摆不定，尤其在大考来临时，他总是表现得特别焦躁，而且考试成绩与平时水平完全不成正比。刚开始我以为他只是有点考试焦虑症，所以经常发挥失常。但有一次他对同学大打出手之后，我请了他的母亲来学校，才了解到，原来孩子的父亲对孩子非常之严苛，只要考不了全班第一，便恶语相加，棍棒相向，甚至扔书包，说出让孩子去死这样的语言。平时他父亲工作很忙，经常出差，孩子和母亲在家时一定能按时完成作业，并且情绪稳定，只要父亲一回来，孩子就开始表现异常，这种情况一直延续到初二第二学期。孩子上课时开始出现眼神呆滞、思维混乱的现象；下课时，只要任何一个同学说一点他的不好，他一定会大发雷霆，出手打人。那段时间他已然成了班上的炸弹，随时都会爆发，甚至发展到他公开告诉父母，不再去学校了，若逼他，他就跳楼。自杀的倾向让他的父亲终于明白自己对孩子造成了多么大的伤害。我在课后多次约这个孩子一起去肯德基吃饭聊天，他终于告诉我他现在也很苦恼，愿意去接受心理医生的帮助。后来他参加了在北京的一个青少年的心理学校，为期两个月，而且要求父母同时参加，之后每个月都要去一次北京接受定期治疗。幸运的是经过大半年的治疗，孩子已经同意回来上课了，而且半年后也顺利地考入了省级重点高中。这个案例警示各位家长，孩子的心理健康与我们家长的行为有直接的关系。

接着，我抛出问题，让家长们进行讨论。

1.当孩子告诉你他糟糕的考试成绩时，你应该怎么做？

2.当孩子告诉你他喜欢上某个人时,你应该怎么做?

3.当发现孩子看言情小说或动漫书,而不能完成作业时,你应该怎么做?

4.当孩子告诉你朋友们总是排挤他时,你应该怎么做?

5.当孩子迷恋网络游戏或经常和陌生人在网上聊天时,你应该怎么做?

家长们各抒己见,的确提出了很多很好的方法,大家也纷纷表示愿意慢慢改正自己的教育方法,争取和孩子做好朋友,帮助他们顺利地通过过渡期。此时我拿出打印好的承诺书,分发给各位家长,要他们回家和孩子一起仔细阅读,并且郑重签下承诺,在期末的最后一次班会中,让孩子们根据父母一学期的表现来打分数,我们会让班委给优秀父母颁发奖状。

一节特殊的班会课在掌声和理解中结束,我做到了对孩子们的承诺,也让家长在寻找正确的教育方法上有了小小的收获。

附:

好爸好妈承诺书

1.我保证当我看到你糟糕的成绩时,会深呼吸十秒,然后和你一起分析原因,找到对应的办法。

2.我保证当你在家学习的时候,环境是安静温馨的,绝对没有麻将声、猜拳声、吵架声。

3.我保证当你坦诚告诉我你的困惑时,我一定不会一味地批评你,无论什么事,我都和你共同面对。

4.我保证当你有了喜欢的异性时,我一定会听你的讲述,并且给你中肯的建议。

5.我保证,我将永远与你同行,做你最最忠诚的朋友。

五、家校协作走进少年心间

家校协作的重要性

国内学者马忠虎1996年在《家长参与学校教育——美国家庭、学校合作的模式》中指出:"家长参与学校教育,实质上就是联合对学生最具影响力的两个社会机构——家庭和学校的力量,对学生进行教育。在教育活动中,家庭和学校相互支持、共同努力使学校能在教育学生方面得到更多的来自家庭方面的支持,使家长能在养育子女方面得到更多的来自学校的指导。"这是国内关于家校合作较早且权威的阐述。

家庭和学校在学生教育过程中保持平等的伙伴合作关系和定位,二者形成对学生的教育合力,目标是共同促进学生的全面、和谐、可持续发展。

"央校"校长李庆明说:"在信息技术高度发达的今天,家校联系方式一方面缩短了家校的时空距离,但同时人与人之间一种真实、真切、真情的交流却越来越少了。因为现代家校联系滤掉了许多语言无法传达的信息,这对于教师与家长、教师与学生之间的相互了解、加深感情是一个不小的缺憾。"真正的教育以情动人,以情暖心,家访到家,从各方面让学生获得一种受尊重感,教师、家长、学生三方处在同一空间谈论焦点问题。

学校和家庭、教师和家长，必须理念一致，才能步调协同。传统的家校互动以培训、讲座、家长会等单方面输出为主，形式单一，互动不足。针对该情况，可将刚性的家校制度，用柔性的社群关系联结，打造充满活力的家校社交圈，拓宽家长参与的渠道，强化家校联结黏度。家长社团的建立、家校互动社群的打造，将家长对学校单方面的监督，变为家长对学校管理和育人过程的广泛参与、创造、改变，家校在共同的育人目标上相互唤醒，引发共振。育人方式、育人结构获得了根本性改善，育人活力、育人动力得到大幅度提升，实现了建构良好家校关系、改善学生成长生态的目标。

以前的一张讲台、一块黑板、一支粉笔的教育方式已被网络化、信息化手段所取代。手机、PAD、电脑成为学生获取信息的重要工具。但信息时代在带给我们便利的同时，也带来了一定的弊端。网上各类信息良莠不齐，对于涉世不深的中学生来说，如果没有正确引导，可能造成不良影响。只有家庭、学校双方协调一致，才能保证利用好现代化教学手段和方式，对中学生进行全面的教育引导，使学生沿着既定目标正常前行。

孩子们从小学进入中学，是他们学习生活的又一个转折。有人把中学时代比喻成人生成长过程中成败的转折点。

初中与小学相比，不论是课程设置、授课方式、管理模式，还是学生本人的身心发展水平，都存在着很大的差异。这对每一个初一的新生来讲都是一个重大的挑战，每位家长、教师都要格外注意学生从小学到初中的衔接工作。教育不应是独立的，对人的培养应从各个方面着手，尤其是对从儿童到少年这一阶段的孩子们的培养，例如：家庭教育（包括父母的语言、态度、引导、约束等），学校教育（包括各科老师的知识传授、是非观念的渗入、人际交往的协助等），社会教育（包括社会话题的讨论、社区活动的参与等）。

再优秀的学校教育如果脱离了家庭教育的影响，抛弃家校合作理念，是很难实现教育目标的。学生只有在家庭、社会等多方面都具有了高尚的品格、思想、终身的学习能力，才能说明教育的效果。这一效果的呈现需要家校合作，加强家庭和学校的沟通，相互反馈学生学习、生活表现，最终促成学生良好效果的达成。

家校沟通之我见

班主任深知家庭对学生的成长和发展的深远影响。家庭是连接学生与社会的纽带，是塑造个人成长轨迹的重要起点。家庭教育对于孩子来说是终身学习的基础。由于父母与子女之间的情感纽带十分紧密且深厚，因此在家庭教育中，注重培养孩子的情感素养和思维能力显得至关重要。家长是孩子最直接的老师，家庭的影响是一个潜移默化的过程。家庭教育不仅是学校教育的基础，更是学校教育的重要补充和延伸。随着独生子女数量的增加，深入了解他们的家庭教育情况显得尤为重要，而班主任与学生家长之间的有效沟通已成为班主任工作中不可或缺的一部分。多年的班主任工作让我深刻认识到，只有通过学校教育和家庭教育的有机结合，才能使学生在各个方面得到全面的发展。因此，在日常教学中，我们要重视与家长之间的联系和交流。然而，如何与家长进行有效的交流呢？我认为可以采用以下一些做法。

（一）要积极主动地安排好家访工作

学生生活的家庭环境，对学生的学习和思想品德的影响是很大的。因此，班主任进行家访，深入了解学生的家庭环境，并制定切实可行的教育措施，具有重要的意义。学生与家长及同辈的关系等都是影响学生思想品德发展变化的因素，了解学生校外关系网等是班主任与学生建立联系的重要依据。通过将其与学生在校的表现相结合，班主任能够形成一个全面的学生形象，从而有针对性地对其进行教育，以达到有的放矢的效果。

班主任可以进行家访，向家长传达学校和班级的教育计划，倾听他们的声音并争取他们的支持，与家长共同探讨、制定教育学生的措施和方法，及时掌握家庭中存在的问题以及家长们对子女的要求和期望等；同时也可让家长了解孩子们的在校学习情况。通过协调学校教育和家庭教育的力量，以促进学生身心发展为目标，实现了两者的协同作用。在进行家访之前，班主任应当制订一份详细的计划，充分考虑家访的时间、目的、内容和方式，明确家访的任务，并对家访的实际效果进行各种预测，以确保心中有数；同时还应根据不同情况选择适当的形式进行家访，以提高家访效果。进行家访是为了促进家长与学校之间的协调，共同致力于学生教育工作，而非采取"诉苦"等不当行为。因此，班主任必须讲究家访艺术，才能收到事半功倍之效。有时候，在向家长介绍学生的在校表现时，需要进行全面而深入的阐述，而有时则需要对某一方面进行重点突出的讲解；在进行思想分析时要有针对性地提出建议或批评意见。对于那些在班级中表现不佳或难以管理的学生，我们应该充分肯定他们的进步，同时也要指出他们的缺点和存在的问题。更重要的是，我们必须注意避免采用"告状式"的家访方式，以免引起学生的反感情绪。

（二）要适时、科学地召开家长会

定期、适时、科学地召开家长会有助于学校与家庭、教师与学生间的沟通，为学生的健康成长铺设一条捷径。召开家长会是促进班级工作健康发展的一种有益的形式，其内容涵盖多个方面，种类繁多。根据召开时间的不同，家长会分为入校、学期中、学期末和毕业班四个阶段，其中又以入校家长会最为常见。以召开家长会为契机，班主任与全体学生家长可以进行广泛交流和沟通，但需要注重方法和艺术的融合。

首先，家长会的内容应当具备充实的内涵和精准的针对性。班主任需要提前进行充分的准备和合理的内容安排，以解决本次家长会的核心问题，确保每位与会家长都能全面了解孩子的学习情况，明确学生所面临的问题，并寻求切实可行的解决方案。

其次，在召开家长会时，不仅需要探讨学生的学业成绩，还必须深入剖析学生的缺陷和当前所面临的问题。无论讨论的内容是什么，还是针对哪个方面，都必须注重语言的艺术性。

再次，家长会的开闭幕式也是必不可少的。在实际工作中，大多数家长在孩子表现优异的情况下，乐于参加学生家长会，倾听教师对孩子情况的详细介绍。然而，有一小部分成绩较差的学生的家长，由于孩子的学习成绩不尽如人意，感到有失面子，甚至有些家长放弃了对子女的期望，因此，在家长会上，这部分学生的家长并不愿意参加。为了激发家长的兴趣，班主任老师应该以巧妙的方式引导学生，捕捉他们身上的闪光点，并及时给予赞扬。

最后，召开家长会之后，还要及时总结这次家长会所取得的成绩和经验。

家长会的召开应当遵循定时定点的原则，应当在恰当的时机、恰当的时间和固定的地点举行，以确保家长们能够充分参与和交流。每次家长会前教师都必须提前通知学生家长，让其做好充分的准备工作。

总之，做好班主任工作，就需要进行全方位的管理，深入扎实地做好每一项工作，要善于与学生家长沟通和密切协作，求得共识，这样才能使教育、教学工作以及班级管理工作取得长足发展。

(三) 教师的真诚和奉献是与学生家长沟通的有力保障

由于班主任与家长对学生的期待不同，观察、了解和处理问题的角度、思想、文化水平不同，教育思想与教育方法也不一定相同，班主任想得到家长的密切配合，目标一致地对学生进行教育，难免出现矛盾，如何克服呢？为了确保学生的全面发展，班主任和家长需要共同合作，班主任应该在处理双方关系时扮演主导角色，积极与学生家长联系，以实事求是的原则获得家长的支持，向家长全面展示孩子在学校的表现，并从家长那里了解孩子在家中的具体表现。只有这样才能使家长认识到自己在工作中存在着很大的不足，从而自觉地为班主任提供更多的配合和帮助。只要班主任心怀真诚，便能赢得家长的理解、支持和合作。

为了实现我们的教育目标，班主任需要与学生家长建立良好的沟通关系,这需要班主任具备高超的个人素质和正确的工作方法,这样才能在尊重家长的同时,帮助家长,让他们乐于交流,从而将班主任老师的建议转化为具体行动!

三种关键思维

真正走进少年心间,家长、教师需要具备三种关键思维。

第一种思维:他们比你看起来更需要你。在谈到初中孩子比你看起来更需要家长时,很多家长立马反对,因为家长从孩子的种种表现中很清晰地看到孩子的抗拒行为、孩子的远离与关闭心房的状态。初中之前的孩子们,和父母的关系非常密切,被保护的状态让孩子几乎全无保留地将自己交予父母。可是进入青春期的孩子,第一次意识到自己要独立走入社会,独立面对很多问题,他们内心的恐慌占据了主导。他们表现出来的对父母的排斥抗拒,内心其实是想紧紧地抓住。我们应该给予这个时期的孩子什么呢?先从外部看,我们应该给孩子创造一个稳定有爱的环境,给予他们足够的支持尊重,让他们在爱的呵护下养成能为他人服务、界限清晰、知何可为何不可为,并能有效利用时间的习惯。不管在家还是在学校,都要有明确的规定和奖惩措施,界限清晰。我们要刻意引导锻炼孩子有效利用时间,用爱教会他们爱他人。每周给孩子安排文艺体育等创造性的活动,以及陪伴家人等爱的教育。从内部看,更要引导孩子形成积极的态度、诚实正直的品格。

不管作为家长还是教师,有了约定就要执行,而且是保质保量地执行,绝不可成为主动提出而又轻易取消约定的一方。在初中生的世界，我们更应该是他们可以相信而且稳固如靠山般的存在。而且，如果与孩子有了约定，还要学习让约定的活动变得越来越有趣，让孩子逐渐期待与父母、教师一起参与活动。活动不一定进行得很顺利，但我们要知道孩子是需要我们的，叛逆行为的背后是孩子的无助。所以家长应该做的事，就是不断地修正自己，支持孩子，帮助孩子。

第二种思维：变化。孩子与成人之间的游戏规则已经变了，家长、教师的身份需要完成重大调整。我们从能控制孩子一切的角色变成了教练，教练可以教学员打球，但是不可以替学员打球，即真正上场解决问题的是孩子。教练要树立自己的权威，在孩子遇到问题时，愿意寻求帮助。教练也就意味着专业。好的教练更加关注孩子的个性，更加在意孩子身上的特性。好的教练关注的是个性和过程，而不仅仅是结果。好的教练也要擅长与孩子讨论毁灭性失败。好的教练要擅长用价值观而非情绪来管理孩子。价值观就是每个人做错了事，需要自己负责；我说了我会保护你，我就会来保护你；言而有信。

第三种思维：父母老师也需要帮助。放弃成年人的傲慢与谦逊。不愿意承认自己的能力有限，所以会认为我没有缺陷，我会更努力地工作，我会加倍努力，我只听我自己的声音。所以我一个人就可以，我不需要帮助——家长有这样的想法就会影响到孩子。它能够营造一种对失败充满恐惧、对寻求帮助感到羞耻的文化氛围。在孩子的面前，父母总是否认自己的过错，认为这是一种正常的行为，因为他们需要维护自己的绝对权威，这种态度源自成年人的自大。

但是我们可以选择谦逊，谦逊意味着以真理为准绳。个人能力有限，可是这很正常。因为我有盲点，我有弱点，我很脆弱，我有时会以自我为中心，所以我可能需要一些帮助。

这又会给孩子带来怎样的影响呢？答案是会营造一个彼此信任、紧密联系的关系。当父母也能够向孩子求助，或者父母之间可以求助，或者父母可以通过读书学习，不断进步。孩子能够感受到父母是谦逊的人，孩子知道你也需要帮助。

所以选择谦逊，并不意味着选择了失败，它意味着我们意识到自己需要帮助，谦逊不但不会让人变得软弱，相反，它会让人更加勇敢，谦逊是获得青少年信赖的最佳方式。所以这是我们谈到的三种关键思维模式，我是要做一个傲慢的、从来不会犯错的家长，什么事都要自己扛，扛得很累，最后搞砸了，还是要做一个谦逊的，有问题可以向别人提问、可以向别人求助，可以不断地通过学习，甚至可以跟自己的孩子讨论问题并解决问题的一位家长，这是成人的选择。

教育孩子是一个复杂的体系，而不是一个简单的体系，复杂就意味着没法通过盯住孩子的每一个动作来解决问题，只能够通过以上三种最基本的思维方式来解决问题。

第三章
爱在教育中的力量

概述：通过前两章内容，我们了解了教育，也认识了教育中的三方主体，也看到了将三方主体承载起来的爱的少许力量。本章则全面探索爱在教育中的力量。首先从教师出发，看师爱，当教师怀揣爱时，呈现的是怎样的一种状态；当教师感受到学生的爱之后，将自己成长为爱的"太阳"时，如何将爱辐射出去，如何照耀孩子们的心灵，如何让孩子在师爱的氛围中成长。本章主要从教师的角度出发，描述如何理性地看待爱，深刻思考如何培养孩子爱的能力，让孩子由感受爱到自觉施爱，然后通过激励教育与共读共写、共生活的教育，升华爱在教育中的力量，为下一章爱的升华埋下伏笔。

一、教师的爱

师爱

苏霍姆林斯基说过:"我生活中什么是最重要的呢?我可以毫不犹豫地回答,爱孩子。"

斯霞老师一辈子践行"童心母爱"的思想。她说:"与孩子打成片,这叫有童心;把学生当作自己的孩子一样看待,这叫对学生的母爱。"

母爱,是最无私的爱,是对孩子美好未来的无限期待,是对孩子所有缺点的包容,是对孩子一辈子的呵护,是为了孩子愿意牺牲自己一切的深情。通常我们教师具有师爱的情怀,就足以为人师表了。

一名教师要能够识别孩子的需求,帮助孩子找到自己的天赋和志趣;激发孩子的需求,对天赋加以培养;提升孩子的需求,想方设法满足孩子的需求。因此,最好的老师应该是晓人性、有理想、有思想、精技能,而如果想做这样的教师,首先应该有爱,而且是大爱。

在教育学生的过程中,我们应该以身作则,以自己的人格力量感染学生,注重细节的影响,每一句话、每一件事都要以严格的律己和率先垂范的方式来引导他们。作为一名班主任,必须有良好的职业道德修养和丰富的知识积累。言谈举止,既时刻受到学生最为严格的监督,也会被学生模仿。当要求学生付出努力时,首先自己要展现出无私工作和勤奋钻研的精神;与学生共同参与劳动过程,是教育学生热爱劳动的必然选择。在学生学习期间,总是以高度的责任心严格要求自己,并以身作则,从点滴做起,让学生明白学习不仅仅为了考试,更重要的是通过学习获得能力,从而达到培养高素质人才的目的。当引导学生恪守规章制度时,首要之务是严格遵守校规,以实际行动践行"言传身教,身行一例,胜似千言"的至高信条。在平时的教学过程中,始终把爱心融入每一堂课的细节里,让每一位学生感受到教师对他的关爱,从而增强他们的学习自信心,提高学习水平。作为学生课堂上的严师,既要严中心怀爱意,同时也要成为学生生活中不可或缺的挚友,比如为即将过生日的学生准备生日贺卡,对取得进步的学生给予鼓励,为即将迈向更高学府的学生们进行集体毕业祝福。教师应用自己的爱心滋润每个孩子的心田,教书育人,爱生如子。

陶行知先生一生奉行的格言是"爱满天下""捧着一颗心来,不带半根草去"的大爱精神,让一代又一代教师得到精神洗礼。

师德与爱

教育学生,讲究怀爱、立德、树人。师爱为首,没有爱的浸润,不可能成为好老师。

而关于师德,古今中外有很多表述。我认为,师德,最核心的就是爱。儒道文化是中华文化的灵魂,儒家"仁者爱人"的思想,是师德的根基。

作为师德核心的爱,到底要爱什么?

首先,爱学生。爱学生,难点是爱后进生。我曾有过这样的感言:"爱优秀生是人,爱后进生是神。教师是人,但应该具有神的胸怀。"教师要有普惠理念,时时想着学生中的弱者。爱学生,关键是做孩子的心灵导师。正如德国哲学家雅斯贝尔斯所说:"教育的本质意味着,一棵树摇动另一棵树,一朵云推动另一朵云,一个灵魂唤醒另一个灵魂。"教师要走进每位学生的心灵居所,做孩子精神成长的引领者。

其次,爱学习。《三字经》说:"蚕吐丝,蜂酿蜜;人不学,不如物。"学生是读书郎,教读书郎的应该是读书人。全国优秀班主任任小艾老师说:"教师要给人一桶水,自己只有一桶水是不够的,要通过学习使自己拥有一眼活的泉水。"

最后,爱教育。教育是科学,教师要不断探索教育的本质、教育的规律。教育也是艺术,教师要努力追求自己的教育风格、教学风格。教育系统存在一些浮躁现象,教师要坚守教育本质。在一些形式主义过盛的地方,教师要出淤泥而不染,在自己的职责范围内追求教育真理。

由爱而生的师德有三个境界。

最低境界是"人为财死,鸟为食亡"。处于最低境界的教师特别关注个人利益,其特质较为突出的一个字是"利"。教师取得合法报酬是天经地义的,但君子爱财,取之有道。

第二种境界是"生命不息,奋斗不止"。教师把自己当成孩子们的老师、家长和朋友,用自己的行动影响着每一位学生。这群教育工作者以追求职业发展为己任,为自身专业素养的不断提升而自豪。他们中很多人都有着各自鲜明而独特的个性特征。这些导师在引导学生的同时,也为自身的成就奠定了坚实的基础。

最高境界是"不以物喜，不以己悲"。处于最高境界的教师把教育作为信仰，他们不在乎利，不在乎名。他们的特质较为突出的一个词是"博爱"。这些教师心里只有学生，只有教育真理。他们是高尚的教师。

教师的爱是一种无私的爱，对每一位学生都一视同仁。他们所彰显的特质之一即为"博爱"，这一概念在他们的言行中得到了充分的体现。他们是伟大的教育家。这些导师内心深处只有学生，唯有教育的真谛在他们心中闪耀。他们是一群品德高尚的教育工作者。

热爱学生，这是育人的核心。学生的成长不只是靠阳光、雨露，吃好、穿好就能完成，他们需要一样与植物、动物所不同的东西，即火热而真诚的心。作为教师，只有对学生爱得越深、越真切，学生的学习积极性才会越高。因此，从某种程度上说，教师爱生如子对教学有巨大的感染力和推动力，有助于学生良好品格的培养，有利于创造活跃、浓厚的学习氛围，使学生保持良好的学习状态。

教师的职业特性，也决定了热爱学生是教师的天职。教师职业的最大追求是造就新一代。教师的劳动对象是青少年，他们是人群中最年轻、最有朝气、最喜欢学习、最容易接受新事物、最具丰富情感且个性独特的群体；教师的任务就是在教学过程中凭着自身的个性、知识、才能、情感、人格和意志，把学生培养成德、智、体、美、劳全面发展的社会主义事业的建设者和管理者，这也是班主任的职责所在。

二、爱的行为

胸中有一团"爱"火

罗曼·罗兰曾经说过:"要播撒阳光到别人心里,先得自己心里有阳光。"教师脸上绽放出的笑容,是他们对学生最真挚的关怀和珍视。当我以微笑迎接学生时,他们会感受到一种美好的期待,这种期待会激发他们的自信心和求知欲。当我在课堂上给学生以微笑时,我的课堂教学也随之变得亲切而温暖,师生间的距离也拉近了许多。当面对那些脆弱的学生时,微笑是一种无微不至的呵护,它能够让他们感受到关怀之爱;当面对那些缺乏自信的学生时,微笑是一种最能够激发他们内心深处的力量之爱;当面对怯懦的学生时,微笑是鼓励之爱;当面对狭隘的学生时,微笑是一种走进内心的理解之爱。可见,我们的教育不能忽视学生美好的内心世界,应该从尊重学生出发,用宽容之心去关爱、赏识每一位学生。在教学中,老师不能忽视学生,更不能放弃他们。教师的爱是一种巨大的力量,它能唤醒沉睡中的灵魂,点燃孩子们智慧的火花。若教师内心深处缺乏熊熊烈火,便难以融化学生内心的冰霜,缺乏对学生无私而真挚的爱,则难以赢得学生的心。

你到底是不是可亲,时间会证明一切。庄子有言曰:"真者,精诚之至也。不精不诚,不能动人。故强哭者,虽悲不哀,强怒者,虽严不威,强亲者,虽笑不和。"老师要有一颗真诚之心,才能真正打动学生的心灵,使其成为学习的主人。学生所需之人，应具备与其同泣、同笑、同喜、同悲的人性特质，拥有独特的个性。教师应该以一种真诚的态度面对学生，在课堂上给学生留下更多思考的时间，留给他们充分表现自我的空间。只有那些真正的导师，才能唤起学生内心深处的真挚情感和亲切感。有了这样的班主任，学生才能真正地喜欢你，才会愿意与你亲近。学生对教师的喜爱，源于教师的真诚和宽容，源于教师的人格魅力。在学生面前，教师就是风景。只有当你的言行得到他的欣赏和认可，他才能真正理解你的内心世界。教师的语言是一门艺术。教育家福禄培尔说过"一切专断的、命令的、绝对和干涉的教育，教学和训练都是起毁灭、阻挠和破坏作用的。"教育不是惩罚，不是训斥，而是鼓励、激励。因此，我从未吝惜过夸奖，更少许抱怨，而是心平气和，亲切地接近，细致地教化，用热融化冰，用心燃起火。当我真挚的爱渗入学生心田时，我赢得了他们的亲近、信赖与爱戴。就这样，我用最简单的方式，最纯粹的情感用心教书、用爱育人。

备课中的爱意

学生有丰富的情感，但难从丰富的语言中体会情感，这就需要教师使用丰富多变的语言去感染他们，引导他们，而这种感染力来自精心的备课。在备课过程中，倾注心血，深入研究教材，不仅"备"教材，还要是为学生而"备"，致力于设计出既能激发学生兴趣，又能切实实现教学目标、流畅而独具特色的方案，为课堂教学奠定坚实基础。精心设计教案是实施有效教学的前提，每一节课都离不开师生之间的互动交流，只有课前充分准备,才能使整个教学活动有序进行并收到良好的教学效果。课堂上,我们应该尽量创设一种轻松愉悦的氛围,使每个人的思维得到释放,从而达到良好的教学效果。不能急于求成,也不能忽视学生的接受能力;为了激发学生的主体性,将表达的权利归还给他们,鼓励他们积极思考、发现和解决问题,创造一个平等、和谐的课堂氛围,让每个学生都有表达自己意见的机会。为此,我不遗余力地鼓励那些学习能力较差的学生发言,认真聆听他们的发言。经过长时间的实践,我惊喜地发现,学生的口语表达能力得到了显著提高,特别是那些学习困难的学生,他们现在基本上可以表达出自己的观点,这让我感到非常欣慰。

我深信兴趣是最优秀的导师,因此我竭尽所能地激发学生的学习热情,从引导到布置作业,从设计到激发,我用自己的活力感染学生,用生动幽默的语言吸引他们,让他们从内心深处爱上英语课,将上课视为一种美妙的享受。一个有爱心的教师应该给学生一种温暖、一份真诚,让他们感到老师的存在是那么的重要。在教学中我采用多种方法调动学生的积极性,使英语教学充满了生机和活力。作为学生的学习伙伴,我通过巧妙的引导和点拨,为学生提供了一个充分发挥潜力的空间,从而让他们在发现和探讨问题的过程中彼此更加默契地配合,达到教学相长、寓教于乐的目的。

严格要求,与爱共生

师爱是一种最理智的爱。理性之道在于,教师所接触的学生和家长数量众多,每个人都有其独特的情况和需求,因此必须采取差异化的处理方式；又在于学生的年龄有低、中、高之分，人格与智力有好、中、差之别，而从事教育工作的教师有情绪好坏、逆顺境之异。因此，教师必须具有超人的理智，做到对好学生不溺爱，对差学生不操之过急，能循循善诱。师爱的理智，还表现在对学生严格要求上。爱而不严，不是真正的爱。

为了解决学生作业情况不佳的问题，我不仅致力于提升课堂教学的质量，还采取了一系列行之有效的措施。首先从字迹上严格要求，让他们明白写好英文字受益无穷。教授字母的时候，除了正确的书写位置及笔顺，我对他们的书写也提出明确的要求。作业量虽不大，但一定要求整齐书写，否则必须认真再学习一遍。这样一来学生们的英文书写有所改观。另外，从作业评价上我也进行了改革与创新。

一开始，我放弃了使用"A、B、C、D"等传统的作业评价方式，转而采用"Good, Well done, Excellent"等更具人情味、亲切友好的评价方式。这种方式让学生感到非常新奇，他们都希望得到老师的最高认可。他们说："我最渴望看到Excellent，看到它，就像看到了张老师微笑着鼓励我一样。"对于单词的作业要求富于弹性，只要得到"Excellent"，下次作业量就可以减少，这样一来，作业质量提高了很多。而后，针对某些学生，尤其是作业质量难以提高的"学困生"，我坚持每次作业都写评语，如："Please pay attention to your writing!" "You have done it better!"等等，虽不经意，但效果却是惊人的，学生作业的质量越来越高。这个偶然的发现给了我启示，因此我决定继续使用，即使工作量再大，我也坚持用整齐的英文字写评语，为学生树立了榜样。为了培养学生良好的学习习惯，我要求学生在完成每一项英语作业后进行自查，从字迹、正确率、态度等多个方面，以提高作业质量。这一措施收到了显著的成效。

在总结反思之后，我又组织全班开展"英语作业评价"实践活动。在深刻感受到了成功的喜悦和教师创造性劳动所带来的丰硕成果后，这一切让我倍感欣慰。我还发现大多数同学成绩不好是因为他们存在着严重的自卑心理，所以决定以赏识教育为契机激发他们的学习兴趣和积极性，收获也颇丰。而且教学实践让我明白了：对待差生群体更应严爱结合。作为教师，我们不仅要爱"小天鹅"，更要爱"丑小鸭"。从某种意义上说，差生更需要老师的关爱。对待差生应采取学生能够理解、接受的方式对待他们，即严爱结合。首先，善于在尊重、关爱学生的基础上对学生提出严格要求；其次，善于在严格要求的过程中去体现对学生的尊重友爱，努力创造条件，使他们获得成功，并且做到爱且得体，严而有理、有度、有方与有恒。

爱是沟通之法

任何教育的结果，都是伴随着一定的师生关系产生的，其结果的好坏受师生关系好坏的影响，不同的师生关系往往导致不同的教育结果。教师与学生应该平等相处，互相尊重，彼此信任，相互理解和合作。建立师生关系必须遵循民主原则，确保每个人都有平等的机会参与。民主的气氛有利于促进学生心理上的成熟，使之具有独立意识。在一种以民主为基础的关系中，教师和学生之间注重协商和沟通，从而建立起一种和谐的关系，这种关系可以让学生的情绪变得轻松愉快，也有助于他们保持良好的学习心态。同时，教师也能了解到每个学生对自己的期望程度。因此，要想使教学达到理想效果，教师与学生之间的交往应是民主的。相反，如果师生关系呈现出一种"专制型"或"放任型"的特征，则会产生一种消极被动的心理状态。学生在学习过程中，若遭遇情绪上的紧绷或放任，可能会导致内心的烦躁、恐惧等不良情绪，从而影响学习。

在教育过程中，教师与学生之间要进行多方面的互动，可能会产生种种矛盾。倘若教师没有尊重、关心和热爱学生，即没有与学生沟通联系的法宝"博爱之心"，不将其视为亲人，视为可倾吐心声、解决困惑的朋友，让他们感受到亲人般的关爱和保护，那么想要真正化解这些矛盾是不可能的。有时由于学生的偏见或教师有"宁给好心，不给好脸"的观念和行为，可能会让学生对教师的"好心"产生误解。但是教师只要走出这种爱的误区，注意以正确的方式去体现对学生的尊重、爱护和关心，就能很好地化解矛盾。老师对学生的爱，会被学生内化为对教师的爱，进而把这种爱迁移到教师所教的学科上，正所谓"亲其师，信其道"而"乐其道"，因此爱的教育是我们教学上的巨大推动力。著名教育家陶行知先生曾提醒教师"你的教鞭下有瓦特"。作为教师，你不经意中的一句话、一个眼神，很可能影响甚至改变一个人的一生。在这个世界上，恐怕再没有第二份职业这样意义重大，这样值得人交付身心了。

所以师爱犹如春雨，不论滋润什么样性格的学生的心田，都会产生巨大的效应——使学生看到自身的价值，产生向上的力量，进而自励进取。正因为如此，学生渴望爱的抚育，有时甚至超过对知识的追求。学生得到教师的爱，自然而然地会激发出对教师的爱，反馈回去，形成爱的双向交流——因爱而理解。

多少次，当你辛勤的工作日见成效，当你发现孩子们取得一个小小的进步时，无不欢欣雀跃，这样巨大的幸福感难道还不够吗？爱别人，是一种发自灵魂的芬芳，一种深入骨髓的甜蜜；日子久了，它就会萦绕成一团幸福，紧紧裹住你的心灵，你因爱而幸福。找寻那隐藏已久的幸福的种子，它就会成为你源源不断的能量。于是，那花白的头发，佝偻的背影，将不再是老师唯一的形象；那一盏青灯，伏案深夜，将不再是老师单调的写照。我们应该长久地拥有年轻的光芒，青春的朝气，蓬勃的活力；我们应当骄傲地招展博大的关爱，美丽的心灵，磊落的胸怀。前人已为我们刻下了一个个崇高的标尺：有教无类，诲人不倦，春风化雨，蜡炬成灰。而今天，我们当以全新的教师形象去追寻生命中最大的幸福！让爱永恒！

班主任的爱与光

有人戏称，班主任是全球级别最低的主任，因为在日常生活中，他们所从事的是最平凡的琐事，这一说法毋庸置疑。确实，学校的一些例行工作必须由班主任传达和布置，而班主任的职责又必须始终如一地履行。班主任的任务虽然十分繁重，但他们对自己所从事的这项工作却有着一种特殊的认同感和自豪感，这就使得班主任工作成为学校教育中不可或缺的一项重要内容。班主任的工作质量是学校工作质量的一个缩影，它直接决定了学校工作的品质和未来公民的素养水平。班主任是教育事业中一支不可忽视的力量。尽管班主任的职位较低，工作琐碎，但是，当我们的付出得到回报时，例如学生们经过精心引导进入高校或进入工作岗位后，班主任即使收到一封信或短信，或接到一个长途电话时，也会感到无比幸福！班主任是学生成长路上的领路人，更是学生人生发展过程中不可缺少的陪伴者。只有在学生获得幸福的时刻，我们才深刻认识到班主任至高无上的地位，这种地位是任何一位科任教师都无法企及的，也永远无法真正领略到的。

因此，要胜任班主任工作，必须具备相当的才干和极大的耐性。有人认为班主任工作是一门科学，一门学问，一门艺术，一门技巧，这些都无法全面概括班主任工作的方方面面。

作为一名长期从事班主任工作的人，我深刻认识到，只有像对待自己的孩子一样爱护学生，才能确保班级"小王国"得到良好的管理和高水平的团队建设。

作为班主任，我们应该注重提升自身的人格魅力，以健康、正确的思想教育学生，通过高尚的灵魂和言行感染、影响学生。班主任工作千头万绪，但最重要的是引导、激励。作为班主任，我们应该以充满阳光的姿态，用我们自身的美好去点燃孩子内心的闪光点，在他们的心灵深处洒下阳光，让它反射出绚烂多彩的云霞，而这些缤纷的色彩同样也会让我们的生活变得绚丽多彩！用爱心去温暖学生的心灵、关爱学生是班主任最基本的职责之一，也是一种艺术。人们常说"面对阳光，你就把阴影抛在了身后"，所以我感悟最深的是"让我们的内心充满爱与激情——做一名有魅力的班主任"。

做一名幸福的好老师

如果人生是一场旅行，那么教育便是诗一般的旅行，而在这场如诗般的美好旅行中我们将会与很多人结缘，和学生、家长、同事，和工作，也和自己，而这些善缘都将会帮助我们成为一名愈加幸福的好老师。

现在，在我们的教师队伍中可能存在着这样两种声音：一是工作太累；二是学生难管。网络上也有很多生动的图片，被加上文字后就成了我们大多数老师的内心写照。如果这些只是被我们拿来开玩笑也便罢了，但如果这些声音在一次又一次的重复中演变成了抱怨，那便要引起各位同仁的警惕了！马云曾说过："别把抱怨当习惯。"的确是这样，或许世界会不记得你说过什么，但一定不会忘记你做了什么！所以，当我们觉得累、觉得难的时候，不妨静一静，歇一歇，然后再扬帆起航。

当我走在自己的教师成长之路上时，我常常在思考一个问题：如何做一名好老师，一名幸福的好老师。而现在，当我回首过往时，我得到了答案。

第一，要让自己成为一名有良好心态的教师。

人的内心状态是由其心态所决定的。首先树立信心，为学生指明面对各种困难和挫折的方向，我们一定要保持乐观向上的态度，积极应对。我们每个人的心态都是至关重要的，因为良好的心态可以让我们感受到生命的意义和人生的美好，良好的心态不仅有助于我们事业的成功和人际关系的和谐，更能帮助我们走出困境，寻找幸福的源泉。作为人类灵魂的建筑师，教师是学生前进路上的指引者,若想更好地在学生的内心深处播下种子,就必须先培育好优良的品种;只有当教师真正成为学生心中最明亮的阳光时,学生才会拥有一颗健康向上的心,才会拥有一个快乐幸福的童年。为学生提供明确的前进方向,必须事先确定正确的路径方向。教师心态不良,就会造成课堂教学质量低下,甚至失败,从而使师生之间关系紧张,严重时还会引发冲突或矛盾。教师的内心态度将直接塑造学生的成长轨迹,进而影响到千家万户的生活和教育事业的蓬勃发展。因此,每一位具有道德良知的教育工作者,都应该时刻保持良好的心态,并承担起自己的责任,以成为一名具备良好心态的教育者为己任。

良好的心态包括:要有阳光的心态;要有爱心与感恩之心;要有松柏般坚韧的心态;要有小草般的平常心态;要有大海般宽容的心态……所以,当你觉得自己不能改变环境时,你不妨试着适应环境;当你觉得自己不能改变别人时,你不妨试着改变自己;当你觉得自己不能改变事情时,你不妨试着改变自己对事情的态度,或许你的阳光心态就重生了。

在时代的转型中,效率和公平之间的博弈、工作和生活之间的冲突,已经渗透到了社会的方方面面,所以要有宽容的心态。无论是农民工还是白领精英,无论是公务员还是大学生,几乎所有的人都会面临理想与现实的冲突,必须承受各种压力和考验,这是不可避免的现实。无论是个人的前途命运还是国家的发展进步,都是关乎民生福祉的大事。作为个体的人,我们需要应对一个又一个现实的挑战,包括但不限于工作与职业、婚姻与家庭、子女教育与赡养老人、住房保障和生活质量等问题,这些挑战需要我们迎难而上，不断突破和创新。面对纷繁复杂的社会问题，人们往往会感到无所适从。因此，作为一名教育者，必须以积极的心态迎接生活和工作中的各种挑战和机遇。

第二，要做一名有规划意识的教师。

初登讲台的我们，要有意识地让自己成长为一名合格教师；接着要能够站稳讲台，不断鞭策自己成长为一名骨干教师；而最高的标准则是能够站好讲台，当你能数十年如一日地站好讲台，那你离成长为一名专家型教师的目标也会越来越近，而这一条成长之路，绝对离不开你自己对职业道路有意识的规划。

教师是"介绍人"，介绍学生与学习相依相恋；教师是"打火机"，将学生的学习热情和智慧火把迅速点燃；教师是"领头羊"，引领学生走进知识的茫茫草原；教师是"味精"，将学生的学习变成色香味俱全的美味大餐。作为教师，当你引领学生规划他们的人生之路时，切不可忘记先要规划好自己的职业道路。

第三，要做一名心静的教师。

静心教书、潜心育人——这是我的工作宗旨，也是我所秉承的教育理念。在日常教学过程中，我精心备课，用心讲好每一堂课。在多年的教学工作中，我一直秉持着一种沉静面对的态度，专注于每一堂课的准备，静心反思，深入思考。因为我们每个人每天都会面对各种各样的事情，每天都需要思考。对于每一位教师来说，处理大小事情是日常生活工作中不可或缺的，若无及时的思考，就不能将各类事件转化成个人财富。更进一步，我所追求的是保持内心的平静和专注。当我们能够静心专注于每一项任务时，不仅可以提高效率，还能深刻感受到生活和工作中的细微之处，这些细节或许会被忽视，但却是我们的小幸福所在。

第四，做最好的自己。

作为孩子，我是幸福的，因为我遇到了一对好父母。他们传承给了我中国公民最基本的道德准则；作为学生，我是幸运的，因为在成长的历程中遇到了一批好老师，让我坚定了长大要当老师的理想；作为家长，我无法敷衍其他的家长，我希望我的孩子遇到什么样的老师，我就怎样去做；而同时作为班主任的我，经常会思考，学生踏进我的教室可以学到什么，可以带走什么？面对这样的问题，我确定了自己的人生目标——做最好的自己！

第五，做一名用心关爱学生的教师。

关爱一个学生就等于塑造一个学生，厌恶一个学生就等于毁掉一个学生。在我们的教学工作当中，有很多语言必须成为我们的禁言，比如"谁教你谁倒霉""看见你我就烦""讨厌，不要脸""你这孩子无药可救""您这孩子没救了，领走吧""我看你这辈子算完了"等等。同时，鼓励学生也需要有语言技巧，比如"你不是最聪明的，却是最有灵气的，相信你将来一定有所成就！""你是一个很有想法的孩子，你的见解很有创意！"等有针对性且又能起到激励作用的语言。但不论是什么样的技巧，其实都离不开你作为老师时那颗面对学生的诚挚的心。你也要相信，你的用心，学生是一定能够感受到的。

第六，做一名终身学习的老师。

我认为，未来将有这样八类人会被社会淘汰：知识陈旧的人；对新生事物反应迟钝的人；靠个人能力单打独斗的人；玻璃心、心理脆弱容易受伤害的人；技能单一、没有特长的人；计较眼前、目光短浅的人；情商低下的人；不善学习的人。而对于教师来说，教师的真正本领不在于他是否会讲述知识，而在于是否能激发学生的学习动机，唤起学生的求知欲望，让他们兴趣盎然地参与到教学过程中来。因此，对于我们来说，终身学习尤为重要。

除此之外，我们在教学工作中还应该做到"五勤五会"，即"脑勤"还要"会想"；"眼勤"还要"会看"；"嘴勤"还要"会说"；"腿勤"还要"会跑"；"手勤"还要"会写"。相信当你能够坚持做好以上每一点时，你不仅会是一名优秀的教师，更会是一名幸福的好老师。

学生崇拜教师，不值得教师炫耀；培养出的学生受到教师的崇拜，才值得教师炫耀。而当师生可以达到相互欣赏的最高境界时，师生关系才会水乳交融，并达到教学相长之目的。所以各位老师，请每天早上对自己说："我爱我自己，我喜欢我的学生，我和我的学生是最棒的，我们每天神采飞扬，我们每天充满自信。作为老师，我是情绪控制高手，我是时间管理专家。我要感恩，我不要抱怨，我和我的学生共同学习，共同成长，共同努力，共同成功。"

让我们以"三寸粉笔，三尺讲台系国运；一颗丹心，一生秉烛铸民魂"作为激励我们不断前行的箴言，做一名好老师，更做一名幸福的好老师！

三、教师从感受爱到辐射爱

感受学生的爱

前面谈及教师的爱,这份师爱让我的事业顺畅,亦让我自身幸福无比,可是这份师爱是如何成长起来或是如何被感知被留下的呢?这要从作为教师的那些日日夜夜说起。

2000年毕业至今,我一直在教育一线工作,担任班主任工作20余年。工作第一年,学校安排我带两个班的英语课。自己还是个孩子,却就要管孩子们了。一天下午上课,太阳暖暖地照进了教室。透过阳光,你可以看到飘舞着的灰尘。我就站在第一排学生的前面讲课,或许是讲得太投入了,一个不小的唾沫点儿从我的口中飞溅出来,不偏不倚,刚好落在了第一排那名女生的桌子上,自己尴尬得不得了。原本以为她会很嫌弃,没承想她却兴奋地捣了捣同桌的胳膊,高兴地指了指那个唾沫点儿,两个人仔细地盯着看了看,好似那不是个唾沫星儿,而是金子,是钻石。看完了,两个人相视一笑,又高高兴兴地抬起头来继续听我讲课。虽然前后不过几秒钟的事,可就像影片中的慢动作,一遍又一遍地盘旋在我的脑海里,反反复复地出现在我的眼前。

好可爱的孩子们啊!我瞬间爱上了他们,小小的他们,纯纯的他们,傻傻的他们,可爱的他们,善良的他们,求知若渴的他们!我也由此爱上了教师这份职业。

从热爱到用心

因为热爱,所以用心!

从孔子与弟子的对话,到陶行知的"教学做合一""小先生制",再到20世纪80年代上海育才中学段力佩校长的"茶馆式教学",一直到今天山东杜郎口中学的"小组合作"……贯穿其中的都是对学生的尊重。只要学生动起来了,教学自然"高效",否则,无论表面多么热闹,都是"搞笑"。于是,在我的英语课上,我为孩子们设计了"Free Topic"这一环节。每人每学期轮流一次,自主选择话题,进行课前五分钟展示,形式可以多样,讲故事、讲笑话、做对话、演讲、唱歌……只要是用英语来表达,都可以。当时班上有个叫李伟的孩子,英语学得可以说是很差,对于他的"Free Topic"我根本没有期望。

李伟在第一次的"Free Topic"中,一人扮演两个角色,讲台成了他的舞台,胖胖的身体左转一下、右转一下,声音左细右粗,代表不一样的人物。

"Who?"(谁?)"Postman!"(邮递员!)

"Who?"(谁?)"Postman!"(邮递员!)

"Who?"(谁?)"Postman!"(邮递员!)

在这里有必要做下说明。兰州有个著名的相声演员叫王海,他以诙谐幽默的手法,运用兰州方言俚语,以西北独特的语言,将一个个故事徐徐道来,在王海绘声绘色的表演中,一个个人物摇头摆尾,活灵活现。在他的兰州方言相声里有个"鹦鹉的故事"系列,听后绝对会让你捧腹喷饭。

其中有一个故事讲的是一位老人养了一只鹦鹉,这只鹦鹉非常笨,教了很久,只会说一个字——"谁"。一天老人外出,邮递员来敲门,鹦鹉在门里搭话了。"谁?"(谐音"费?"此处读升调),邮递员回答"邮递员(谐音像"又弟愿")。"鹦鹉又问"谁?"邮递员以为没听清,又大声说"邮递员!""谁?""邮递员"如此反复一个钟头后,老人回来了。看到自家门口躺着一个人,口吐白沫,连忙问"哎哟,这是谁?"鹦鹉在门里回答了:"邮递员!"

两个角色活灵活现,让人不禁捧腹。一共两个单词,重复三遍,毫无难度可言,但这是创意,是思考、是努力。自从他的"Free Topic"做完后,这两个单词算是深深地刻在了大家的脑海里,可以说终生难忘!

在课堂教学中,教师对学生的吸引力是决定一堂课成功与否的关键因素,许多孩子因为对某位教师产生了好感,从而对该学科产生了浓厚的兴趣,这种现象被称为"亲其师,信其道"。老师如果把学生看成一个整体,那么就应该用欣赏的眼光去对待每个孩子,让每一个孩子都能得到发展。一个孩子是否对其班级产生好感,很大程度上取决于他对班主任老师的情感倾向。一个成功的班主任应该具有良好的人格魅力和亲和力,能够吸引学生的目光,使他们产生亲近之情。因此,我领悟到,赋予自己的班级无限魅力的关键在于赋予自己独特的吸引力。那么,什么叫班主任的魅力呢?班主任的魅力不仅在于其平易近人、博学多才、幽默敏锐、感染力强,更在于其善于深入孩子内心的能力,这些都是令孩子肃然起敬的方面,也是班级魅力的体现。

一路芬芳
班主任工作漫谈

传承的爱

记得有一次要召开运动会了,学校提前预演开幕式。我想参加预演的运动员只有20个,而留在教室里的学生却有50个,我应该看着他们上自习,于是就待在了教室里。不一会儿楼下的广播就开始喊道:"请初一二班班主任张晓霞老师马上到操场来!"等我下去以后,才发现其他班主任和老师们都在,除了我!挨了领导批评的那一刻,我差点没忍住眼泪。与我搭班的一班班主任孙老师,是一名经验丰富的老班主任。她后来告诉我:自习、自习,顾名思义,你要教会学生自我学习,而不是看着他们。可运动会是学校一年一次的大事,预演就更证明其重要性,你怎么能不到位呢?

从那以后,很多事上我都会求助于孙老师。是她,毫无保留地给我许多带班的经验;对她,我一直心存感激!

这件事让我明白了,班主任想要快速成长,经验很重要。所以作为年轻班主任,要不耻下问,虚心求教。这样,少做错事、少走弯路,自己也成长得更快。而经验丰富的班主任们要不吝赐教,要让年轻人快速成长,要让进入到咱们学校的每个孩子受益。这是大爱!不要害怕别人超越自己,只有时刻有被别人超越的危机感,才会进步得更快!而我们一定要明白:一个人走得快,一群人才能走得远!

2017年5月20日,在四川师范大学,由人民教育出版社和兰州市教育局联袂主办的"2017年兰州市骨干班主任高级研修班"上我见到了李镇西教授。讲座中李教授说,自己明年就要退休了，应自己第一届学生的要求，准备在退休前，再给这些学生们上最后一堂课。这些1987年上学的学生们已经人到中年，孩子都已经长大了，所以想到时候都带上自己的孩子，一起来见证李教授的最后一节课。说到这里，李教授给大家展示了一张照片，一棵千年古树下，几个中年人拥着李教授，在一地金黄的银杏叶中，笑着。李教授动情地说道："我就是这棵垂垂老矣的大树，叶子已经落满一地，我的学生们却还在成长。而我相信我对他们的教育，比如善良，比如勤勉，会一直蔓延下去，福泽他们和他们孩子的一生。这就是教育。"看着已入暮年的李镇西教授，一说到教育时眼里灼灼的光芒，我深受感动，无限的敬意溢满心头。

谈到教育的传承问题，李镇西教授说到自己的中学物理老师，满是敬意。他数次提到这位物理老师的好，但是就是这么好的一位好老师直到退休都只是一个没有评上"特级教师"的普通教师。谈到这里，李教授认为：任何的优秀率、毕业成绩都不应该成为一个老师值得骄傲的地方，唯有留在每一个学生的记忆里，才是真正的成功。正如李教授所秉持的教育理念：让每一个周围的人，都因为你的存在而感到幸福。

2016年11月22日，在最诗意的园林城市，在小雨淅沥的日子，我有幸聆听了"全国教书育人十大楷模"——江苏省南通市启秀中学教师李庾南奶奶的报告。之所以称她为"奶奶"，是因为她是一位年近八旬、慈眉善目、精神矍铄的老人；是因为她从教59年连续担任班主任，创造了"连续任职时间最长班主任"上海大吉尼斯世界纪录，被赞誉为"真正从课堂里走出来的教育家"。半个多世纪以来，李庾南老师一直扎根在一所普通中学，在中学讲台上深耕59年，从事初中数学教学工作。无论是实际年龄还是职业年龄，她都堪称"前辈"。

李庾南老师在报告中主要向我们介绍了她创立的"自学·讨论·引导"教学法，但这并不是留给我深刻印象的内容，除了认可这一教学法的前瞻性、本土性和实用性，让我感触更深的是这一教学法来源于李庾南老师长达38年时间一直致力于中学数学教学的改革。

2016年11月23日，江苏省苏州第一中学校长王开东在他的报告《只问攀登不问高》中给我们描述了"丑小鸭之路"：经历了那么多的折磨，丑小鸭一路走来，走着走着，春天就来了；走着走着，天空就广阔了，世界就敞亮了；走着走着就飞起来了，呼的一声，突然翱翔于万里长空。他告诉我们，一个人一辈子能做一件自己喜欢的事，而且能持之以恒，把它做好、做精，这就叫幸福。

2016年11月25日，在如诗如画的江苏省苏州第十中学，在校长柳袁照《教育是一场诗意的旅行》的报告里，我们开启了一场诗意的旅行。作为"诗性教育"的倡导者和践行者，柳袁照提出了"质朴大气，真水无香，倾听天籁"的十中精神和办学理念，表达了在功利之风日盛的社会中，学校教育对神圣理想的坚守。在柳校长诗意的语言引领下，在柳校长诗意的精神带动下，我决意要做一个有诗性的老师，即做一个有情怀、有担当、有原创力的老师。

四、爱的教育

因爱而重塑的生命

带着对当今教育现状的思考,我一再反思:我们到底应该怎样去爱一个孩子?孩子有没有权利不出色?如何走进生命,如何抵达孩子们的心灵深处,让他们愿意接受爱的浇灌?我认为,能与学生以心换心,与学生心灵相通,应该是一条最为便捷的路径。用爱打开学生的心扉,爱是一种神奇的力量,它可以使一切事物发生改变,使人得到新生。教师应当以朋友的道义为准则,以亲人的情感为突破口,以正确的人生观为信条走入学生心灵深处,用爱解决那些令人困惑的教育难题。当学生面临生活中各种挑战、要求、愿望、爱好时,教师的爱应该聚焦于此,只有这样,才能产生积极的心理效应,并与学生产生情感上的共鸣。

作为一名教育工作者,尤其是一名班主任,不仅仅是我们要对学生付出爱心,不能只是我们爱学生,也要让学生爱上你,更要让学生学会如何去爱别人。

有这样一位学生,在师爱中重塑人生,在师爱中勇往直前,爱的教育唤醒了他的生命,也给了我生命的启迪。

他,杜恺,是一个普通的男生。入校后我对他的印象是:反应慢,知识接受能力差,学习基础薄弱,成绩常常位居全班末尾。这样的学生在老师眼里通常是不受欢迎的。他性格内向,沉默寡言,但是除了成绩不好外从不给我添麻烦。相反,在每次大扫除、布置考场时,在别的学生偷奸耍滑时,他总是沉默着、不停地干活,直至满头大汗。我虽然看在眼里,可一想到他的成绩，表扬的话就欲言又止。我吝啬着对他的夸赞，他却没有任何怨言。

就这样，我俩"相安无事"地升入了初二。一次周记中我让学生以"小小的我"为题写对自己的认识。批改到杜恺的周记时，在满篇的错别字和跳跃式的表述中我第一次看到了这个孩子的经历：父亲不负责任，抛下了还未满月的他离家出走了，他只好随母亲寄居在姥姥家。母亲是个工人，要负担全家的生活，除了生活的艰辛，还有对丈夫的怨恨。而他还要隔三岔五地被请家长，只因为他学习差。他也曾努力学习，可是自己有点笨，带给母亲的只有羞辱，所以恨自己怎么不死掉……虽然他的周记文笔不通，可从字里行间我看到了一颗善良的却充满了自卑与困惑的心。我被深深地震撼了，这么好的一个孩子竟然被我忽视了一年多，我为自己只重视成绩的狭隘心胸而感到羞愧！我史无前例地写了满满三页评语。

第二天，我联系了杜恺的母亲，这个母亲在班主任老师面前的诚惶诚恐再次刺痛了我的心。我拿杜恺的周记给她看，倾听他的成长过程，谈到最后我俩都哭了。我们约定，不管孩子学习怎么样，一定要让他拥有阳光的心灵。

我对他的座位进行了调整，并安排他与数学课代表坐在一起，请数学课代表为他补习。之后的日子，他经常为完成数学作业而奋斗到深夜。数学老师对他愈加赏识，每次布置作业时也更加关注他的完成程度。在全班同学面前，我对他的诚实、团结同学、吃苦耐劳等品质给予了高度赞扬。之后，我开始有意识地聚焦于他，积极提问，互相探讨，毫不吝啬地赞扬。渐渐地他对自己有了信心,课上专心听讲,课下认真做作业,成绩越来越好。学习方面,我并未抱过高的期望,只是希望他能够获得更多的阳光、更多的快乐和更多的自信,这样才能更好地面对每天的生活。然而,令我感到惊奇的是,他在各个学科的学习上都取得了显著的进步,从全班倒数逐步到中等,他付出了不懈的努力,最终获得了成功。记得刚开始上初中时他还只是个成绩很一般的孩子,老师和同学们对他的评价亦不高。随着时间的推移,他成功地通过考进高中,三年后,他又被兰州商学院(现为兰州财经大学)录取,最主要的是他的心中有了阳光。

通过对这个学生的教育实践,我认为我的教育是成功的,同时我也体会到了作为班主任工作获得成就感后的自豪。也是这个学生,让我学到了很多,对班主任工作也有了更深层次的认识。

在我二十年的班主任工作中,我遇到了众多因家庭、环境等造成心理扭曲的学生。他们有的像杜恺一样,沉默、内向、孤僻;有的刚好相反,暴躁、好斗、冲动。这两类学生,虽然外在表现不一样,但究其根本,都是一样的:他们长期被家长和老师忽视,承受了过多的批评和指责,能力和优点被否定,心理晦暗,他们蜷缩在角落里,默默舔舐着自己的伤口,这类学生往往会被班主任所忽视;或打架斗殴、顶嘴闹事,通过对班纪校规的无视来吸引班主任的关注,这类学生也是班级的不安定因素,是班主任最花精力、最头痛的学生。面对这些学生,班主任如果能多投入一些精力、关心和关爱,给那晦暗的心中注入一缕阳光,也许我们就能看到一株株沉默的百合悄然绽放。

每一届新生中,也许起初那些沉默寡言、躲避你目光的孩子,那些睥睨你特立独行的孩子,在你辛勤的浇灌下,也终会拥有美丽的春天。

认识爱,发现爱

苏霍姆林斯基曾经说过:"什么是我一生中最重要的?我将毫不犹豫地回答:倾注对每个学生的热爱、关心,无条件地爱每一个孩子。"可见,爱学生是教师职业道德修养的体现,是为人师表的基础。毋庸置疑,这是一位合格的教育者必须具备的先决条件。若缺乏对学生的自我关爱意识,那么教育的行为与其所带来的后果将是迥然不同的。爱在不同的层次上有着各自独特的作用和意义,教师所表现出的爱的程度,直接影响着他们所采取的爱的行为是否能够取得预期的成效。所以,在教育中必须把对学生的爱贯穿于教学过程之中。

为了培养学生对爱的认知,教师应该将十二分的爱给予孩子,而教师爱的行为则应该像奔腾不息的江水一般,永不停歇。教师的爱应成为一种习惯。教师对学生的爱是一种无形的力量,它能够使师生之间形成温暖、和谐的氛围,从而达到良好的教学效果。随着爱的加深,教育过程也将变得更加精益求精,更加完美。爱是对学生最有效的激励。教师应当善于探索所有教学活动中蕴含的"爱"的元素,深刻认识到这些因素在学生的学习生活中所扮演的至关重要的角色。教师的爱是一种情感上的交流。教师的爱之深,能够透过学生内心深处的感受得以显现。只有当这种爱深入学生内心时,才不会使其产生逆反心理而导致消极被动,甚至产生对抗情绪。因此,教师与学生共同经历的生活和学习过程，是让学生深刻认识到爱的真谛的最直接途径。如果教师的爱心不够深、不够广，那么他对学生就会有一种冷漠感，而学生则很容易产生反感。和风细雨和严厉训斥所带来的影响必定截然不同。教师应该是爱的模范。作为一名教育者，我们应该不断提升自身的修养，将自己培养成一个满怀爱意之人。无论是在教育领域还是在其他方面，我们都应该保持高度的一致性。教师要用宽容的心态去对待学生。只有通过这样的方式，学生才能更深刻地领悟到爱的真谛，感受到它所带来的无尽情感。

与此同时，在认识爱的基础上，教育学生实践"人际之爱"。什么是"人际之爱"呢？我认为，在学生受教育的过程中，凡是与学生发生联系而形成的关系网都称为人际关系，比如与老师、与同学、与家长、与亲朋、与历史和现实人物的关系等都可以定义为人际关系。学生与这些人物之间有爱的感染和传递进而产生爱的感觉和情感，这就是人际之爱。如何进行人际之爱的教育呢？首先，班主任要引导学生认识人际间的爱；其次，要认识、理解人际关系和人际之爱，理解什么是真爱、正爱、溺爱；最后，要让学生获得人际之爱的感觉，通过引导，教会学生认识自己本身就是沉浸在爱的海洋之中、爱的阳光下。通过一系列的教育，努力实现让学生感受人际之爱，尤其要懂得父母、老师、长辈之爱并恒爱自己的父母、老师和长辈。

爱是无处不在的，学生在认识爱、知道爱的基础上，要学会发现爱，并从这里开始践行祖国之爱。什么是祖国之爱呢？通过爱的教育，使学生产生对自己国家和人民爱的情感和态度，称之为祖国之爱。对自己祖国的爱，是一种大爱，一种纯洁的爱。

如何进行祖国之爱的教育呢？第一，班主任要善于引导学生了解自己祖国的山山水水，了解中华民族的优秀品质和传递国家意识；第二，要有一双发现的眼睛，其中最重要的就是发现国家之中具体的爱的素材，比如历史、风景、民族品质、国家形象等；第三，注重培育学生祖国之爱的诚挚感情，把对祖国之爱的情感内化为爱学习、爱生活、爱师长、爱父母的具体行动；第四，注重祖国之爱的主题教育规范化、常态化、实效性和适应性，如升国旗、唱国歌、读经典、读历史、敬英雄，广泛采取常态化的主题，以丰富多彩的手段、多种形式、多种途径实现对学生良好的祖国之爱的教育。

自觉施爱

认识我们身边的爱，发现我们身边的爱，这是"爱心教育"的基础性工作，而核心工作则是引导学生在享受爱的同时要学会施爱。在教育过程中进行"爱的教育"，注重对学生进行爱的教育，并将此系统化、科学化、常态化，使整个教育过程构成严密的"爱的教育"，促使学生养成爱人如己之心。这也是解决人类和谐存在的根本途径。因此，"爱的教育"的核心就是一个字——"爱"。教育就是一种爱的行为，通过这种爱的行为，给学生以爱，在学生接受爱的过程中，学生逐渐感受到爱。让学生由认识爱，到发现爱，由受爱到施爱，由施爱到爱的自觉，初步建构"爱的教育"体系。

了解发掘我们周围的情感，这是"爱的教育"的基础工作，而核心任务则是引导学生在享受爱的同时，领悟自然之爱的真谛。自然之爱是人类社会中一种最为普遍的爱，它具有普遍性，又有其特殊性。大自然对我们的爱，涵盖了山川河流、小溪大海、花草树木、鸟兽虫鱼、日月星辰，这些爱是最容易被我们忽视的。班主任的教育是引导学生从这些自然存在中，发现其所赋予我们的伟大的爱，并学会将其施于自然，而非自私地、无限制地掠夺自然。只有这样才能真正理解爱的含义，从而自觉地施之于己，并把它化为一种行动力。爱的实践需要具备对自然之爱的情感、态度、价值观、能力和技能，这也是"爱的教育"的根本宗旨。

　　爱的至高境界在于爱的自我认知，即以高度自觉的方式将爱施于己、人、国家、自然和存在之中。"爱的自觉"，也即"爱的意识"，是一种以人为中心，具有高度自觉性与主动性的道德认知过程。在此处呈现的是一种凝聚着人际情感、对祖国的热爱，以及对自然的珍视的情感。这三个方面构成了一个完整的爱的系统：爱的主体，即教师；爱的对象，即学生；爱的手段、爱的环境，即爱的氛围。在"爱的教育"的认知与实践体系中，这一部分被认为是最为卓越的，是我们每个教育工作者所必须具备的素养。每一位在学府中度过一生的人，都在不懈地追求着一种境界。爱之可贵在于真诚。唯有无私之心，方能引领无畏之路，无私才有力量；唯有仁爱之心，方能使人天下无敌。在教育中我们常常发现一些学生在学习上很用功，但到一定程度后却不愿意主动施爱于他人，甚至对他人施爱也无动于衷。确实，自觉地施爱并不是为了天下无敌，而是将其转化为一种自然而然的生命过程，毫无保留地展现出自我意识。一个真正懂得爱和善的人，会在自己身上产生出一种巨大的力量和魅力,使他人感到他是真正的朋友。唯有那些具备最高价值和意义的生命,才能被称为真正的人生。

人内在的能量来自爱。试问,人为何愿意在社会上探索,为何愿意创业,为何愿意从政?因为爱,爱社会,想为社会尽一份力;如果一个人无爱,又怎么会有动力去创造。所以,给孩子爱,给孩子无条件的爱,让孩子拥有稳稳的归属感,亦让孩子心怀爱,找到价值感,然后以超强的自尊立于世间,这是为人父母、为人师的职责所在。

五、激励教育

来自最高学府的激励

偶然间,在2009年最后一期的《意林》上看到了一篇文章——《人人都能上清华》(作者:清华大学电子工程系 洪峰),让我感受颇深。或许是作为教师的职业特点,或许是班主任的"小心思",几乎未加思索,我就想起了我的学生们,迫不及待地想与他们分享。于是我决定要将这篇文章作为学生们每学期开学第一节班会课的主题内容。初中三年,一共阅读六次,我要"六读"《人人都能上清华》。

我要让我的孩子们明白:梦想让我与众不同,奋斗让我改变命运,天再高又怎样,踮起脚尖就更接近阳光,自信的生命最美丽!

好好学习吧!把这篇文章送给孩子们!

以下是在我带学生"六读"《人人都能上清华》过程中的一

些点滴案例，在此愿与大家一起分享。

开学的第一次班会。

"同学们，这是你们进入初中以来的第一次班会，你们从小学踏入了初中的校门，是一次蜕变。现在，你们还是新生，对于新生，我是这样理解的：初来乍到，我是'新生'；从头开始，我是'新生'；化茧成蝶，我是'新生'。在这三年中，我会在每学期的第一次班会课上为大家送上一篇文章——《人人都能上清华》，这是我在2009年最后一期《意林》上偶然看到的，希望能让你们得到'新生'。"

于是我深情地朗读着，孩子们静静地倾听，睁大了双眼。

"……

清华校训'自强不息'给我的影响非常大。所以永远不要说自己已经尽力了。什么叫成功？人们死活不相信你能做到的事情，你做到了，这就叫成功。

……

用一位美国教授的话说：'Students of Tsinghua, no Saturday, no Sunday, no holiday!'就是这种精神铸造了清华的神话。不这样就很难考上清华。

……"

我刚念完，教室里就爆发出了热烈的掌声。孩子们很喜欢，我也不由得喜欢上了这群还不太熟悉的小家伙。

一个胖乎乎的男孩举起手来："老师，我想给大家介绍介绍清华大学，行吗？"

"好啊！"看着我鼓励的眼神，他开始侃侃而谈："清华大学，英文念Tsinghua University（他的发音很标准），位于皇家园林清华园，清朝康熙年间称熙春园。雍正、乾隆、咸丰先后居住于此，咸丰年间，熙春园改名为清华园。

"清华的学术实力居全国高校之首，2011年QS公布世界大学评估排名，清华大学位于47位，在我国排名第一。清华是亚洲和世界最重要的大学之一，也是我国高层次人才培养和科学技术研究的重要基地。

"清华大学是世界上最美丽的大学之一。校园内绿草青青，树木成荫，湖光山色，景色优雅，各个不同时期的建筑自然地形成各具风格的建筑群落，为师生创造了适宜的工作、学习、生活环境。清华园大礼堂草坪前的日晷在风雨中挺立数十载，上面刻着清华的校风'行胜于言'。'行胜于言'不是不言，而是言必求实，以行证言。

"在清华二校门北边小山下，有一块被清华校友称为'清华第一碑'的'海宁王静安先生纪念碑'，这是当年的国学研究院师生为了纪念王国维而立的，碑铭上陈寅恪撰写的'独立之精神，自由之思想'恰是一代代清华学子精神的写照。"

太厉害了，我都听呆了。

"你怎么会知道这么多呢？"我不禁问道。他挠挠头，不好意思地说道："我假期才去过。清华是我的梦想，只是说出来怕别人笑话。"

"笑话？为什么？怎么会？"

"清华可不是人人都能上的……"同学们小声地议论着。显然他也听到了,尴尬得红了脸。我却很看好这个孩子,有勇气,有能力,有胆识,就缺一点点自信。我看着他,柔声问道:"那现在怎么又想说了呢?""因为您说'人人都能上清华'!"班上有瞬间的安静,就又爆发出热烈的掌声,经久不息……

小丹是个羞涩的女孩,常常是还没开口说话脸就先红了。成绩平平的她,在班里并不显眼。就是这样的一个她,在初一第二学期的第一节班会上,在我刚读完《人人都能上清华》后,她慢吞吞、怯生生地举起了手。

"小丹,有什么事吗?"我温柔地问道。

"张老师,我,我想当英语课代表。"

"什么?"我有点不敢置信,做出了没有听清她说话的样子。她的声音却更坚定了:"张老师,我想当英语课代表!"同学们一片哗然,窃窃私语者,眉头紧皱者,挑眉挤眼者,互使眼色者,当然也有不露声色者,更有面露喜色者。我扫视了教室一眼,这一眼竟然没有起到作用。孩子们并没有像往常一样在我的眼神中安静下来,小丹的话就像是在安静的水面投放了一颗威力无穷的炸弹,教室里仍旧嗡嗡作响。

我知道孩子们谈论的原因,于是我问道:"为什么?"她的脸微微泛红,声音却异常坚定:"因为这篇文章中说,人人都能上清华,所以,我想给自己一个目标,然后不断努力,我相信我会化茧成蝶!"全班响起了热烈的掌声。

于是,我的英语课代表——小丹,开始踏上了努力的路。我能感觉得到,她在努力中进步着。我能想象,成绩平平的她,在

一路芬芳
班主任工作漫谈

每一个夜晚，在柔和的灯光下，疯狂摆动的笔尖，翻飞的书页，似彩蝶飞舞。我不知那一大篇、一大篇的英语文章她是怎样记下、背熟的，但她一定下了不少苦功夫。她告诉我，在她担任英语课代表的那一天，她在她家的院子里种下了一棵向日葵，在努力学习的空闲照料它，等开花结果时，自己的成绩也一定会提高。我看着她的那股认真劲，欣慰地笑了。

我默默地观察，小丹自从成了英语课代表后，她使出的努力是别人的两倍甚或更多。在我讲课时，她那又黑又大的眼睛始终充满着求知的渴望。下课后，她虽然也在玩耍，但嘴里始终在背着单词。同学们开始喜欢她，敬佩她。她成为班里的英语之星！她的书上，字迹工整；她的笔上，锈迹斑斑。课本不知被翻过多少回，每一页都是软绵绵的，边上有破损的痕迹。我可能都不会知道，她为了学好英语，不知付出了多少努力！

日月如梭，三年飞逝，又是离别时，小丹抱着我哭得一塌糊涂。这三年的辛苦没有白费，她以英语136分的高分给初中生活画上了句号。"别哭了，你是成功的！"我温柔地说，眼眶却含着泪水。小丹的梦想，就是有朝一日，自己也能考高分，她坚信"我能学好它！"三年时光，她没有虚度。

离愁散去，又开始了新生活。我曾想：如果我没有给学生们读《人人都能上清华》，小丹会自信吗？如果我没有让她当课代表，她会这样发奋读书吗？

这天，小丹托她的妈妈给我带了一封信。她妈妈笑着说："都不知道她神神秘秘地写了些什么，反正不让我看。"说得我心里暖暖的，感觉比她的妈妈还有面子。回到办公室，我迫不及待地读起信来，她说：

"现在的老师要求我们每天一个人上来读一段对话或故事加自我介绍。好棒！我不怕！因为我有三年的基础。轮到我，我一定会说'Hello, everyone. It is my turn to do my free topic'。我们上课回答问题会加平时成绩，我们有speaking，就是讲课、翻译、语法。哎呀，真心吃老本。于是，我勇敢地举了手。上英语课总是精神满满，喊出答案。我有百分之百的信心认为我是对的。英语课文总是背得很快。张老师，因为有您，我爱上了这门课程！"

随信带来的还有几张金灿灿的向日葵花朵的照片，上面写了一句话：

"汗水能让梦想开花！"

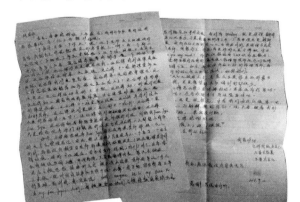

一路芬芳
班主任工作漫谈

当青春期感情遇到激励

青春期是人们从儿童过渡到成人的阶段，在此期间，懵懵懂懂的少男少女们对异性会有一种微妙的感觉。这本是一种美好的情感，但少男少女们也需要有自制力，来控制自己的感情。

我有两个学生——小白与阿键。

两个人本来就是朋友，学习又都很好，平常在一起探讨学习，说说笑笑，这是好事。可后来我发现两人有点不太对劲：小白变得有点害羞，而阿键也经常脸红，本来我认为这只是同学之间有的好感，没什么。可有一次在课堂上我无意中接连叫起他们两人回答问题，其他同学竟然起哄道："在一起，在一起！"再加上其他学生看两人的眼神。我想：我得侧面说说了。

还没来得及说，小白的母亲就给我打来电话：

"张老师，我发现最近我家小白有一点不太对劲：有时突然就笑了；还不爱与我和他爸说话；有时嘴里还不知道说些什么。张老师，您说孩子是不是与那个男同学有来往啊。"

"小白妈妈，您先别急。孩子到了青春期，难免有些不一样。下午我就找她谈谈。"

"啊，那好。麻烦您了，张老师。"

"没事。"

"谢谢您，张老师再见。"

"再见。"

看来真的要找他们谈谈了。

下午上完课我就找到小白，和她一起走到办公室。一坐下，我就说:"小白,你也算是咱们班学霸级的人物了,可老师却发现你最近有点不在状态啊。"

而她的脸红了一下,说:"张老师,我会调整的。"

"还记得我给你们读过的《人人都能上清华》吗?还记得里面提到的'本科僧'吗?我们不妨先做三年'初中僧',千万不要到了最后发现自己浪费了太多的时间和精力而自责和苦恼。"

"张老师,我懂。我只是认为他是我的'蓝颜知己'。我说的他都懂,他说的,我也认同。我们很有共同语言,也可以互相帮助,包括学习。"

"其实老师不反感你们交往,"我说道,"这样很好,你们有勇气去表达,但是你们还是要认真学习,并学会控制和驾驭自己的情感,知道吗?"

"嗯,张老师,您放心,我知道怎么做。"

"好了,有你这句话,我就放心了。"

随后,我又找到阿键。

"张老师,您来找我是因为小白吧。您放心,我和她只是互相聊心事的朋友。而且我保证,一定不会影响学习啦。"

"我还什么都没有说呢,你就'招供'了。好了,张老师相信你可以的。"

……

初三开学伊始,小白用漂亮的信封装着厚厚的一封信递给我,信封上用工工整整的字迹写着"愿没说出口的话 能在纸上开出繁花"。我忍不住打开信封,读起了信。

"……

长大了,要学着面对各种事情。有时候,尽管事与愿违,也唯有迁就;有时候,明明非我所求,却只得领受;有时候,就算依依不舍,终还是要放手。张老师您曾亲口告诉我的,现在终于变成了我的推论:放下,无论以何种方式,都不要慢慢地放下,要尽可能决绝地放下,且永远不要回头,也永远不要相信过去的时光才是更好的,因为它们已经消亡。

……

真的很感谢您能在百忙千忙万忙之中腾出时间,找我谈,告诉我那么多,现在又抽出时间看我这封信,真的很感谢您愿意倾听我的故事,感受我的感受,真的感谢您一直在不断鼓励我向前走。我也晓得我什么该做,什么不该做,我懂您为我、为我们做的一点一滴,滴滴在我心。

……

我不再是从前的我,而区别仅仅是多了一瓶失忆药水。
Move on!　　Friends are always friends!
……"

从这以后,两个人的表现令我称赞:两个人成了无话不谈的好朋友,一起探讨学习,一起聊天,两个人也更加开朗,最后都考上了重点高中。这应该就是青春期的"美好正能量"吧。

第三章 爱在教育中的力量

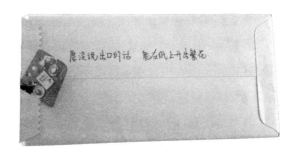

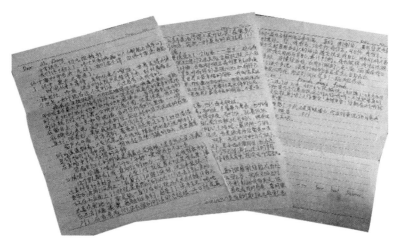

被激励的孩子

已是初二第二学期,学习紧张的气氛蔓延开来,学生们对于"考试"这个字眼早已不再陌生。临近考试,学生们把所有精力都投入到枯燥的复习之中,连课间的十分钟也变得分外宝贵。

在不经意间,学期已经过去一半,随之而来的是各式各样的考试。长期以来,考试一直被视为评估学习成果的主要标准之一。在这一过程中,考试给人带来的感受是不一样的。随着考试的临近，不同的应试者以各自独特的态度和心态迎接它的到来。面对着这一考验，我们每个人心中也会出现各种各样的想法。有些孩子心怀必胜之志，有些则表现出惶恐不安之态，有些泰然处之，还有一些则在关键时刻表现出了果敢、胸有成竹之态。

小志，我的学生之一，一双炯炯有神的眼睛似乎能说话。第二天就要考试了，别的同学都惊慌失措，但他看起来，却是一副胸有成竹的样子。

考生们都揣着忐忑不安的心情走进了考场，坐在自己的位置上，心跳加速，传到手里的试卷似乎沉甸甸的。小志胸有成竹地答起了题。他埋头苦干，一直到剩下最后一道大题——作文。但这也难不倒他，只见他抬头思索了一会，便有了主意。这次的作文题目是"人人……"于是他便想起了我一直以来读给他们的《人人都能上清华》，小志感触颇深，便把这篇文章运用到了作文中。

几天后，考试结果出来了，小志取得了优异的成绩。一天语文老师遇到我说："你每学期都给他们读《人人都能上清华》，他们真是深受你的'毒害'。你看，你们班的小志连作文都是《人人都能上清华》。不过，从作文内容来看，他一定是深有感触的。"听了语文老师的话，我心中很感动，他不但可以从中汲取知识，并且能学以致用，这才真正是一个学生学习的成果啊！受好奇心驱使的我，忍不住想去暗中观察他。

暗中"潜伏"的我渐渐明白，自从上了初二，第一次班会上我再读《人人都能上清华》后，小志就有了很大的改变。以前下课铃声一响小志就冲出教室，或在楼道内玩耍，或去操场打篮球,总之,每次他都期盼着下课,期盼下课后悠闲的好时光。但是现在一下课,他首先拿出来的是作业本和练习册,正如《人人都能上清华》中所说的:"这样就可以比别人多看一会书,多做一道题。时间久了,日积月累,你就会在时间上占有绝对的优势。充分利用课间10分钟,我们一天可以挤出将近两个小时,可以比别人多做一套题。"

我曾听说过这样一个实验:往一个杯子中装石头,装满石头后再灌入沙子,之后竟还能倒入很多水。在这个实验中,石头相当于最重要的事,沙子相对来说可以看作是无关紧要的事,而水则可以看作是生活中那些微不足道的事。以前,小志的时间总是让那些"沙子"填满了,导致在其中根本无法让"石头"填进去了,而他在三次听过我读《人人都能上清华》后,他学会了挤时间,将学业的"石头"先完成。这样,他合理地安排了时间,虽然没有做到班级的数一数二,但他努力了,并且成绩也提高了不少。果然,那篇作文被老师选用为范文在班上朗读,作文非常出类拔萃,蕴含着许多深刻的道理。看着他,我不禁露出了欣慰的笑容。

一次激励,一个梦想

清浅流年,春深半夏。五月美好,伴着淡淡花香。

阿欣是一个学习很好的女孩,她报考了一所非常优秀的高中。六月中旬,她要参加体育测试。按道理来说,她初二会考的两门科目成绩已经达到等级A,以她的水平,初三的另外两门会考也一定是A,这样一来,只要体育成绩不是等级D,就不会对她实现梦想产生任何影响。更何况体育根本不差的她,早在初一初二的两次体育测试中取得了很好的成绩。所以说,这次的体育成绩无论如何都不会影响她考上那所非常优秀的高中。

已经拥有那么好的成绩,这种事放在别人身上,或许对于体育糊弄糊弄,过得去就行了。但是,一个人的性格决定了成败。阿欣不是那样一个人,从平时的学习上就可以看出她是一个坚持不懈的女孩,不轻易说放弃。

阿欣的好朋友告诉我,她住在军区大院,而阿欣没有合适的跑步场地,于是便与她约好每周周末一起在军区大院练习跑步。每一个周末,清晨,阳光还没有光顾军区大院,阿欣就早早到来,坚持跑步。无论刮风还是下雨,在训练场上总会有两个女孩的身影。她陪着阿欣跑几圈就气喘吁吁地停下来,而阿欣还在坚持。看着阿欣的双足踏起微微尘埃,双臂摆出风的旋律,一圈,两圈,三圈……即使已经汗水淋漓,但阿欣还是努力坚持,奋力向前跑去,就像一只朝着梦想飞去的鸟儿。

之后她又对我感慨道,虽然她与阿欣是同桌,但阿欣身上还是有一些她学不到的优点。阿欣总是为梦想奋斗着,拼搏着,有一股不服输的劲儿。听了这件事后,我不禁对阿欣产生了敬佩之情。是什么让她坚持下来了呢?我想,是心中的信念,一个梦想,更是自身隐藏的一种品格——对所有事情都不轻言放弃。

在好奇心的驱使下,我找到阿欣,和她聊了起来。我问她:"你几个月如一日地锻炼,是什么让你坚持了下来?"她的脸微微泛红,垂下了头,低声回答:"您还记得您给我们读的那篇文章吗?正是《人人都能上清华》激励了我,让我学会了坚持。"

一个月后，阿欣终于如愿以偿地考上了理想的高中。

当我沐浴在清晨的阳光下，我就想起了阿欣，在那个春深半夏，那个女孩渐渐远行，走向的是一条成功的路。

成功，总是留给那些有梦想的人，坚持不懈的人。

激励中的珍视

《人人都能上清华》这篇文章，曾触动了我的学生们的心，曾让他们知道初中三年应该做的事、应有的收获。三年"六读"，每一次阅读都会有不同的感受，我那些还未成熟的孩子们，幼小的心里最柔软的地方一定被这篇文章充实了，打动了，而这六次班会也将会成为他们人生中一笔不可多得的宝贵财富。

初二到初三办公室要搬到南校区，我的东西很多，很杂，所以"搬家"得费好大的劲。我生怕把《意林》丢了，以后就不能给下一届的学生们传授这世界上独一无二的知识了，所以我特意把它拿出来，放在显眼的地方。可谁知，老天好像非要与我作对。我特意拿出来，却又真的"特意"丢了。我不知道该怎么做，想来想去，觉得实在不行就从网上查，打印下来也行。但在这之后的日子里，我竟不知所措。而面对下一届的学生时，我又想起以往与他们分享的日子。

偶然的一次，我上一届的学生小洪，因为放假来看我。我们聊了许多，我心里也十分欣慰。无意间，他问我："张老师，您有没有给这一届的学生们读《人人都能上清华》？"他的话勾起了我的回忆，我面带歉意，微笑着说："哎呀，那本《意林》被我弄丢了，你们可真幸运啊！下一届的学生可没有这个福气呢！"

一路芬芳
班主任工作漫谈

仅仅是不经意间的谈话，这个细心而体贴的孩子小洪，却一直放在心头。之后，他便给我送来了一个大大的惊喜。

　　第二次，我没有见到他，他是让同办公室的老师帮他带上来的。那天的我，心中最柔软的地方好像被什么东西触动，后来又仔细想想，那就是爱。我给他们的就是知识，而还未完全长大的他们给我的爱，则是帮助我继续传授知识。那天，帮他带书上来的老师也激动地边比画边对我说："这一定是什么珍贵的东西吧！看那个学生小心翼翼的样子，他还说让我一定要转交给你，并且不要弄坏，弄破。这还有一张纸条，他说一定要露出一点边让你看见。"当时，我激动得不能自已，坚强的我竟差点流下泪水。那张纸条上面写着："张老师，上次您说《意林》丢了，于是帮您找了一本，不用谢！"在右下方，还有他的署名。看着手中的那本杂志，那本还是2009年12月出版的《意林》。想到刚才那位老师描述的情景，深深的感动涌上心头。学生们给我的爱就是我这三年来最大的收获，这些相互的爱交融在一起，渲染出感人、难忘的记忆。

　　这篇陪伴了我们三年的文章，教会孩子们奋发努力、珍惜拥有、转化压力和控制情感，而这些正是他们人生路上所必需的品质。不求他们"人人都能上清华"，但愿他们人人都能心向清华！

六、共享共生教育

为何要成为一名读者

在经历了激励教育的洗礼后,我以共享共生教育为引领,让孩子们深刻感受爱的力量,同时也让我的师爱更加深厚。

每个人在其一生中都会扮演着多种不同的角色,学生、教师、作家、工程师、企业家等,然而,如果一个人不是一名读者,那么他必然存在某种缺陷。一个不是读者,或者只是一个作者的读者,都不能算是真正意义上的读者。一名非读者的学子,无论其考试成绩如何卓越,本质上并不具备卓越的才华。一名不可能成为作家的教师,无论他教得多好,也不能算一名优秀的老师。对于一名非读者的作家而言,我们有理由对其作为作家的资质产生怀疑。人类的精神文明成果很大程度上被记录在书籍中,而阅读则是一种享受这些成果并将其转化为内在财富的方式。没有阅读就不可能有人类文明,也不会产生伟大的文学作品。总的来说,成为一名读者,就意味着融入人类精神文明的传统之中,成为一个具有文明素养的个体。一个人一旦成为读者,就能使自己获得尊严、价值和地位。在一定程度上说,一个民族的心理素质与其所拥有的高水平趣味读者的比例息息相关。如果我们承认,阅读图书的人是构成整个社会文化结构最重要的因素之一,那么,对于读者的研究则是一项极为重要的课题。相反,对于非阅读者而言,书籍中所凝聚的人类精神财富并不具备实际意义,因为他们无法享受和占有这份珍贵的财富,只有成为读者后才会意识到这是何等巨大的损失。一个人要想成为真正的读者，就必须懂得如何对待自己的书，而这又是一项艰苦细致的工作。在历史长河中，有许多杰出的人物，他们的声望背后隐藏着一个神秘的身份——同时是一位终身热爱阅读的人。

然而，一个人并不是随便读点什么就可以称作读者的。一个真正的读者应该具备以下特征：

首先，培养了对阅读的狂热追求，养成了阅读的习惯。因为阅读已经成为我们生活中不可或缺的一部分，所以如果几天不读书，我们将会感到夜不能寐，深感自己的卑微与无助。

在我们的教育体系里，应该允许学生自由地去探索，去创造，去发现。实际上，每个人的本性都蕴含着对未知世界的好奇心和求知欲，因此他们都有可能通过自己的努力去探索和体验阅读所带来的愉悦。遗憾的是，当今以功利为导向的教育体系正在无情地扼杀人性中最珍贵的特质，这是一种残酷的现实。在此境况下，我不得不反复向有见识的教师和家长发出呼吁，希望你们竭尽全力保护孩子的好奇心。

其次，塑造个人的阅读兴趣。读书不是一种消遣方式，而是生活的一部分。书籍犹如浩瀚无垠的海洋，即便是最狂热的书迷也无法穷尽其深度，只能品尝其中一瓢，唯一的区别在于品尝哪一瓢。有一种情况是，一个人一旦养成了读书的习惯，就不会轻易放弃这种爱好，他还可以在读书之余进行更深入的思考。阅读是一项极为私密的活动，无论阅读的对象是何种书籍，无论其范围是广泛还是狭窄，都应该有自己的选择，以展现个性和兴趣。在这个意义上，趣味可以成为衡量一个人是否具有阅读能力的标准之一。实际上,培养个人的兴趣爱好和养成阅读习惯是不可分割的,因为只有在找到并预感到书中的"知己"之后,才会坚定不移地追求,无法自拔。所以,读书要从自己的实际情况出发,不能盲目跟风,更不能为了所谓的"时髦"而去追逐"新潮",否则,就很容易迷失方向,迷失自我。若缺乏个人的趣味,仅东看看,西翻翻,连兴趣都无法涉及,何况是爱好。要知道,时尚和文明是两个不同的概念。当面对当前图书市场的现状时,切勿盲目追随媒体的宣传,而应深入了解畅销书和时尚书的内涵,否则你将永远沦为文化市场上的消费群体,无法真正成为读者。时尚和文明本质上是两个不同的概念,只有在人类精神文明土壤中扎根的人才能被称为真正的文明人。

最后,展现出卓越的阅读品位,具有较强的阅读技巧与审美趣味。一名真正的读者具备基本的判断力和鉴赏力,仿佛拥有一种内在的嗅觉,能够嗅出一本书的优劣之处,本能地排斥劣质之作,倾心于优秀之作。阅读的经验在某种程度上塑造了一个人的能力,但更深层次的能力则来自一个人内在的精神素质。

当然,提升精神高度和阅读优秀书籍之间存在着一种相互促进的良性循环,二者相辅相成,共同推动着个人的成长和发展。在阅读中,我们需要做很多事情来让精神世界达到更高的高度,比如读书的习惯,阅读内容的选择等。在阅读一本书的过程中,必须设立一套明确的准则,以确保在精神上获得实质性的收获,从而更进一步地激发你的思维潜能。读书是一个过程,不是一朝一夕就能完成的事情。只要坚守这一准则,灵魂的品质和对书籍的判断能力将自然而然地同步提升。阅读过程就是一个提升心灵境界的过程。当你的心灵充盈而深邃时,你会意识到自己已经达到了一种高度,无法再容忍那些缺乏知识和深度的书籍了。如果不把读书当作生活中不可或缺的一部分的话,那你就很容易变成一名平庸的读者。青少年时期是决定一个人是否能够真正成为读者的重要因素。阅读,不仅可以开阔视野,增长知识,还能使自己获得高尚的品格修养,从而达到完善人格之目的。研究表明,若一个人在青少年时期未养成良好的阅读习惯,那么在未来的培养过程中将会面临相当大的挑战,但一旦习惯养成,其终身受益的可能性将是不可忽视的。青少年是国家和民族的希望所在,他们的知识素养决定着祖国的前途与命运,而阅读正是他们获取知识最重要的手段之一。在人生蓝图中,青少年怀揣着对未来的美好憧憬,他们渴望成为一名真正的读者,一名终身的忠实读者,这是一种不容错过的理想。

孩子们通过阅读,可以获得一种深刻的心灵净化和人格提升的方式。读书,对于我们这个社会来说是一件很有意义的事。然而,当代学子除了阅读教科书外,鲜有涉猎其他书籍的机会。其实,读书对于孩子来说有很大作用,不仅能开阔眼界、陶冶情操,而且还可以帮助他们树立远大的理想和追求。对于那些阅读量较高的孩子而言,他们的视野必然会开阔,精神必然会充盈,志向也必然会坚定不移。

书籍是人类进步的阶梯,读书是人类获得知识的重要手段。学生时期是学生阅读的重要阶段,通过读书不仅可以使学生加深对教材的理解,拓宽学生的知识面和视野,而且也可以提高他们从不同角度分析和解决问题的能力。苏联教育家苏霍姆林斯基经过多年的研究证明：正确的阅读方式和大量的阅读实践能直接促进人的大脑发展，有些小时候聪明伶俐的儿童，随着年龄的增长，反应越来越迟钝，很重要的一个原因就是小时候没有养成正确的阅读方式和良好的读书习惯。

林语堂说："我把有味或有兴趣认为是一切读书的钥匙。"他认为读书是一种乐趣，是一种享受，是一种值得尊重和令人妒忌的享受。

读书、质疑、思考、练习、讨论等学习方式不断变换，读写结合、读记结合、学思结合、学问结合。在整个学习过程中，要学会以问题为先导，环环相扣，步步深入。在问题情境中学习，会使学习过程兴趣盎然；注意学习过程中愉悦的情绪体验，则有利于强化兴趣。课内外、书内外结合，紧密联系自然、社会生活实际，学以致用，有利于提高对学习的兴趣。

在中国古代有一个有趣的历史典故：南北朝时期，有一名叫陆澄的学者，此人博览群书，被称为"硕学"。然而，他看的书虽然很多，却无法把握文章的含义，也没有举一反三的能力。后来有人送给他一个"两脚书橱"的雅号，讽刺那些读书很多却不善于应用的人。

阅读"有字之书"可以学习前人积累的知识、前人学以致用的经验，并从中借鉴，避免走弯路；读"无字之书"可以了解现实，认识世界，并从"创造历史"的人那里学到书本上没有的知识。著名医学家李时珍就是一个善读"无字之书"的人，他广博的医学知识就是在日常的生活实践中一点一点积累起来的。

养成读书的习惯，这也是让自己心灵丰富的重要途径。

一路芬芳
班主任工作漫谈

阅读是与历史上的伟大灵魂交谈，借此把人类创造的精神财富"占为己有"；写作是与自己的灵魂交谈，借此把外在的生命经历转变成内在的心灵财富；信仰是与心中的上帝交谈，借此积聚"天上的财富"。这三种交谈都是在独处中进行的。

读书的收获有两种。一是通过读书知道了自己原来不知道而且也没有的东西，这样收获到的东西叫知识；二是通过读书知道了自己原来已经有但没有意识到的东西，这些东西是自己感悟到的，但好像一直沉睡着，现在被唤醒了，激活了，并且因此获得了生长、开花、结果的机会，这样收获到的东西是智慧。

共读、共写、共生活

在引导孩子成为读者的路上，我采用共读、共写、共生活的方式。

（一）共读名人传记

"现在许多孩子已经失去了凝望世界的明眸，失去了追求理想的激情和冲动，失去了尝试成功的勇气与感恩的情怀。"这是我对教育工作的感受之一。作为一名一线教师，我深知自己肩负着重大的责任和使命。如何让孩子们从内心深处爱上阅读？在过去的两年里，我在朱永新教授的倡导下，开始了一段"共同阅读、共同写作、共同生活"的旅程。这段经历让我深刻认识到，每个人的人生都应该在学习中度过，我们应该从书本、实践中不断学习，也要明白"只有成长，才能够幸福"。我觉得，教育要让孩子成为一个幸福的个体，就必须让他们学会用自己的方式去生活，并能把这种方式贯穿于一生。只有将学生的成长与教师自身的成长融为一体，才能达到真正完整的幸福。

我一直主张学生深入阅读名著，但在阅读朱永新教授的著作后，我领悟到一些书籍应该尽早阅读，例如名人传记。因为名人传记本身就具有很高的价值。他明确地表述："传记类书籍也是我特别希望教师能够认真阅读的。按照生命叙事的理论，我们每个人的生命都是一个不断书写中的故事，每个人都是自己生命叙事的唯一主角，也是最重要的作者。能否把自己的生命故事写成一部伟大的传奇，这在很大程度上取决于我们自己，取决于我们能否为自己寻找生命的原型、人生的榜样。那些伟大的人物传记和优秀教师的传记，就是被我们书写并树立的原型和榜样。与伟大的人物对话，与崇高的精神交流会使我们自己不断地汲取到奋进的力量。"

在我的读书期间，一次偶然的机会，我读到了一本名人传记，就被它深深地吸引了，于是开始尝试去读。随着时间的推移，我陆续涉猎了《乔布斯传》《林肯传》《居里夫人传》《毛泽东传》等著作，深感振奋。这些作品不仅给我留下了深刻的印象，还启发了我对名人传记写作的许多思考。在阅读中国新教育系列丛书《完美教室——中国百合班的故事》后，我发现俞玉萍老师在选择班级阅读书目时，首次推荐了名人传记，这一举措取得了显著的成效。名人的故事往往能让人产生强烈的共鸣。对于那些正处于人生迷茫时期的中学生而言，名人的成长经历不仅能够激发他们的阅读热情，克服学习和生活中的各种困难，更能够帮助他们树立正确的人生观、价值观和世界观。在我的心目中，阅读名人传记不仅能让人增长见识，开阔眼界，更能培养良好的道德品质。因此,自去年起,我与学生商定在每周三下午的读书会上先阅读名人传记,以提高我们的阅读水平。

一个人在苦思冥想的过程中,所能获得的感受往往是有限的。要善于在身边的同志中结交学友,拜之为师。正如陶渊明说的:奇文共赏,疑义相析。

在与学生们分享《三大师》的过程中,我将贝多芬的音乐、米开朗基罗的雕塑和画作分为三个课时,向孩子们介绍;同时课上孩子们也分享了他们在课前查阅的相关资料。平时不爱交作业的小强,在读后感里这样说道:"以前我是因为害怕失败而不愿意努力读书,怕认真学习后还是很差而被同学笑话。可是想到贝多芬,连声音都听不到却还是坚持创作音乐,勇敢地和病魔作斗争。我觉得自己就是个懦夫!张老师说得对,勇敢的人之所以伟大,不是因为他们遇到挫折和失败时敢于去拼搏,而是他们首先敢于面对。我想我是时候该面对自己的懒惰了。"

(二)共读名著

人类所创造的精神财富得以保存的方式多种多样,但文字作为其中最为重要的一种形式,扮演着至关重要的角色。阅读作为文化传承与传播的主要手段之一,对人们的生活有着极大的影响和作用。因此,在我们的日常精神活动中,阅读占据了相当重要的地位。

然而,古今中外,无论是国内还是国外,我们所需阅读的书籍数量都是不可胜数的。从精神层面来看,我们或许可以将世界上的书籍粗略地归为三个类别:一是完全不可读的书,这种书只是外表像书罢了,实际上是毫无价值的印刷垃圾,不能提供任何精神的启示、艺术的欣赏或有用的知识。在如今的市场上，这种以书的面目出现的假冒伪劣产品比比皆是。二是可读可不读的书，这种书读了也许不无益处，但不读却肯定不会造成重大损失和遗憾。市面上的书，部分属于此类。三是必读的书。所谓必读，是就精神生活而言，即每一个关心人类发展历程和自身生命意义的人都应该读，不读便会是一种欠缺和遗憾。

虽然第三类书在书籍总量中所占比例不高，但它们的数量也是相当惊人的。比如这类书里面的经典名著，实则是人类文化宝库中那些经久不衰的杰作，是永恒的书。它们是经过时间考验并流传至今，仍闪烁着智慧之光的杰出文学作品。对于这些伟大的作品不可按学科归类，不论它们是文学作品还是理论著作，都必定表现了人类精神的某些永恒内涵，因而具有永恒的价值。例如，《论语》《史记》《红楼梦》，还有柏拉图、莎士比亚、托尔斯泰的书，等等。

真正的价值不在于阅读了多少经典之作，而在于你是否有一种信念，即非最好的书不读。实际上，对于那些具有独特个性和追求的人而言，他们所阅读的书单并非抄袭他人，而是在阅读过程中逐渐形成的，这份书单本身也反映了他们的独特个性。正像罗曼·罗兰在谈到他所喜欢的音乐大师时说的："现在我有我的贝多芬了，犹如已经有了我的莫扎特一样。一个人对他所爱的历史人物都应该这样做。"

费尔巴哈说"人就是他所吃的东西"。至少就"精神食物"而言，这句话是对的。从一个人的读物大致可以判断他的精神品级。一个在阅读和沉思中与古今哲人文豪倾心交谈的人，与一个只读明星逸闻和凶杀故事的人，他们当然有着完全不同的内心世界。

和孩子们一起读名著，一起分享读书心得，每个孩子会将自己喜欢的句子段落在读书会上重读，并分享他读到这些文字时的感受，又引起了怎样的生命体验。那些被你一读而过的文字，却在别处蕴含着丰富的意义。孩子们吃惊地听着他人的述说，然后愈加兴奋，多次表示课后还要重读某些段落。

共读的过程，又何尝不是彼此互相深刻认识的过程。通过一学期的共读分享，孩子们之间的友谊更加坚固，相处更加和谐，这不得不说又是一份意外之喜。

（三）青春期的阅读

青春期，恋爱是最为美好的事情之一，它不仅仅是对异性的憧憬和眷恋。青春是一个充满激情的阶段，青春也是一种浪漫而美丽的情感体验。如果一个人有幸探索到一本书的世界，那么他就会在青春期享受到最美妙的"恋爱"，也就是青春时期的阅读体验，这也是青春期的"恋爱"，带着狂热的欣喜与沉迷。

在青春期的阅读中，我们可以感受到一种纯粹而狂热的情感。在书海中遨游，会有许多奇妙的感觉和美妙的体验。在书籍的世界中，那些未曾被揭开的卷轴，仿佛是一个个陌生女子的神秘面纱，勾起人们的遐想，吸引着人们的欣赏。书的背后是一个充满着诱惑和刺激的新世界。每一次翻开一本新书，我内心都期待着一次全新的奇遇，一场令人心醉神迷的全新体验。这就是我们所说的"青春期阅读"。青少年时期的阅读大多纯净，而成年人的阅读几乎不可避免会受到功利、事务和疲劳的损害。因此，青少年时期是我们一生最重要的读书阶段之一。然而，一个人是否曾在青春期经历过这种充满激情的阅读体验，这一点至关重要，因为它的深远影响必将在其未来的人生中显现出来。青少年时期的阅读对于他们来说是最重要、最关键的阶段，它对今后的发展起着决定性作用。

在人的成长过程中，青春期是一个至关重要的时期，因为它不仅是精神成长的关键时期，同时也是培养阅读习惯的重要时期，这两者之间存在着内在的紧密联系。青春期的青少年正是通过阅读，逐渐地了解和认识自己，并开始对自我进行审视与思考。通过青春期的阅读，一个人得以领略到人类丰富多彩的心灵世界，感受到在其中漫游的无尽欢愉。这个世界是如此美好而又神秘，它吸引着每个人去探索、追求。自此以后，他的人生地图上便留下了一个坚不可摧的领域，不断地向他呼唤。所以说，青春期的孩子是非常需要阅读的，他们渴望得到更多的知识和思想。

学习之路漫长而艰辛，它将伴随我们一生。读书的过程就是一个人对生活不断认识、感悟、思考的过程，也是一个人逐步成长的过程。为了确保未来的阅读之路，我们必须在年少时期打下坚实的基础。

在青春期，引导孩子读书并爱上读书，对孩子一生的成长至关重要。通过共读的方式，可以启发孩子们读书的兴趣，也让他们在读书的路上找到志同道合的书友，终身读书，终身成长。

（四）教师参与共读

在这个碎片化信息扑面而来的网络时代，不少人将视觉停留

一路芬芳
班主任工作漫谈

在片段化的文字上,接触到的更多是浅层思维,阅读慢慢地淡出了我们的生活。电脑、手机的普及让人们无法静下心来去读一本书。作为传道授业解惑的师者,在让自己爱上阅读的同时,可以用自己的人格魅力去打动孩子们,与他们共读一本书,说出自己对这本书的感想,把感动自己的片段和孩子们一起朗读。我一直认为教师的身教作用远远大于言传,在这样长时间的耳濡目染下,孩子们可以真正地爱上阅读,养成阅读的习惯。

阅读多了,会慢慢积累言语财富。

有一个这样的故事,小和尚甲和乙,分别在两个庙里修行,每天都在同一时间下山去溪边挑水,不知不觉过了5年。突然有一天,溪边只剩甲在挑水了,他很纳闷,那个和尚乙哪里去了?过了一个月还是没有看到乙来,甲忍不住去探望。来到乙的庙里,甲大吃一惊,那个和尚乙正在练拳!甲问乙为什么不再到山下挑水了?乙指着一口井笑着说,五年来,不管多忙,他每天总会抽空挖这口井。一个月前,井里终于冒出清水,他就不必再下山挑水,可以腾出更多时间专心练拳了。

读书也是这个道理,每天拿出很少的一点时间去读几页书,随处随时学几个生字,多学习那么一点知识,不知不觉井里就有水了。"积水成渊,蛟龙生焉",意思是说,浅浅的水积成深深的水潭,就会孕育出蛟龙。

阅读不但可以塑造一个孩子的智力,还可以塑造他的心理品质。因为任何一部书,只要它是一本好书,往往充满真善美的情怀会对孩子形成潜移默化的影响。

阅读还会提高阅读者的理解能力。读书的过程,让我们进入一种思考的状态,也是察觉自我的过程,这种学习的过程伴随着思考,而思考会有助于理解力的提高,日复一日的阅读就会让读者不断地成长。而共读一本经典书,有着更深的体验,有着更加宽阔的理解,有着更多心灵碰撞之力,进而带来的是更多生命深刻的成长。

每当微风吹过窗台,将晨光洒进教室,窗台上的芦荟、文竹和绿萝一起沐浴在墨香里,琅琅的读书声里,孩子们和我一起与名家、大家徜徉在无垠的思想田野上……这一切真美!

(五)共写

小学和中学都有语文课,语文课上都教学生写作文。这是为了培养作家吗?当然不是,绝大多数学生将来会从事其他各种不同的职业。在基础教育阶段之所以都要学习写作,目的不在写作本身,而是为了培养真实感受、独立思考和诚实表达的能力,这种能力是一个人整体文化素质的基础和不可缺少的组成部分。

苏格拉底说:"未经审查的人生没有价值。"可是我自从上班以来持续了十几年写日记的习惯,在琐碎的生活中慢慢地淡出了我的生活。尤其有了自己的孩子后,连思考的时间都被压缩到晚上哄睡孩子后,那时才有片刻的清闲。生活在日渐麻木中飞速前行,回首过往,除了忙碌什么都没有留下。看到朱永新教授在"教育在线"中发表过的《朱永新"成功保险公司"开业启示》提出:"每日三省自身,写千字文。一天所见、所闻、所读、所思,无不可入文。十年后持3650篇千字文来本公司。如投保方自感十年后,未能跻身成功者之列,本公司以一赔百。"这虽然是个带有玩笑性质的广告,但细想后,不免为朱教授的幽默和睿智惊叹。因为写作必须要有思考,而且思考中的反省,一定会不断指正自己的言行,不想成长都很难,成功自然水到渠成。

朱永新教授说:"只有不断反思生活,才能明晰生活的意义,从而更好地创造生命的价值。只有经过咀嚼、反思、彻悟,痛苦才能成为精神的财富、人生的养料。记录这样的痛苦,本身就在记录着一首关于生命的隽永史诗。只有这样才能不断超越自我,才能让每天成为永恒。"

有感于此,我又拿起了搁置已久的笔。而真正与学生共写,是源于校刊征稿事件。校刊征稿,我们班竟然没有一位同学交稿,直到政教处在群里点名催促,我才了解。一学期多的写作训练下来,孩子们依然举步维艰,如此为难。我反思之后觉得不如写一篇俗称的下水作文,详细地讲一讲我写作文时的构思选材以及谋篇布局(好歹我上学时一直是语文课代表,写作也算是我的强项),也许对孩子们有点启发。

于是,《忘不了那个午后的阳光》应运而生,虽然文字不甚精致,但我截取了我上学时和孩子们相似的一些生活片段作为素材。课上我读了这篇文章,孩子们很惊喜:"原来老师和我们一样……"这样的想法呼之欲出。之后孩子们的反应出乎我的意料,写作文的兴趣大有提高,有孩子会私下来问我关于写作的一些问题,并且主动写一些文字拿来让我改。尝到了师生共写的甜头,我和孩子们立下约定,只要是语文老师要求孩子们写的作文,我先写。

我愿用思想的火花照亮教学的时光,用精彩的文字记录育人的岁月,成为一株有思想的芦苇,成为一位善于思考的教师,成为一位善于书写的教师。而在与孩子们一起共写的时光里,我们彼此记录下成长的点点滴滴,当有一天我们回首往昔,一定轻叹:"美好的日子,我没有辜负!"

(六)通过写日记将外在经历转化为内在财富

那么一个人怎么样才能有丰富的心灵生活呢?两种习惯:一是写日记,二是博览群书。这里就说说写日记。你经历的无论是快乐还是痛苦,无论是顺利还是挫折,遇到的人是喜欢还是厌恶,这些经历都会在你的内心掀起波澜。如果你是一个有心之人,这些经历都能成为你的财富。因此,写日记是一种将外在经历转化为内在财富的有效方法。借助写日记这一方式,我们可以通过反思自己的人生历程,以所经历的事件为素材,从而更深入地认识这个世界,领悟人生的真谛。

对于中学生而言,养成写日记的习惯是至关重要的,因为这不仅是练习写作,更是一种表达真情实感的方式,只有通过写日记,才能培养出真正的诚实。

(七)共写对教师的提升

每当听到资深的老教师提到自己某一届的某个学生,现在已是某名牌大学的教授,或者作为某全球知名公司采购员年纪轻轻就飞遍全世界时,我除了投以羡慕和肯定的目光,心中总是不免生出些许失落。作为教师,我们如何让自己的人生更精彩呢?后来看到朱永新教授《致教师》里提道:教师要能够从每一天日常的、琐碎的、平凡的生活中得到满足,能够从自己的成长中得到满足,能够从与孩子的交流中得到满足,每个人都可以惬意地栖居在大地上。我明白了在成就学生的人生之路的同时,我还可以进行：一是专业阅读——站在大师的肩膀上前行；二是专业写作——站在自己的肩膀上攀登；三是专业发展共同体——站在集体的肩膀上飞翔。"世上无难事，只怕有心人！"自从做了教育的"有心人"，努力挖掘教师职业的内在美，无论是在学校里还是在家附近或者在网络上，我发现了越来越多的志同道合的朋友。

　　记得之前去民族中学参观"'新教育'教育成果展"时，我很高兴，因为参观学校的班会课而结识了郑老师。郑老师班上的民俗文化班会课吸引了很多老师，大家看到了热闹的气氛，大方的主持，融洽的互动，充分的融入，流利的表达……我想这一切定与平时班主任的付出分不开。和郑老师交流后，我知道作为班主任的她，很喜欢举行各种各样的活动，尤其是每天大课间的读书分享，更是让学生爱说、会说、能说。之后我们彼此留了联系方式，以待深入交流。在这几年里，我的手机通讯录里这样的同路人越来越多。"一个人可以走得很快，一群人才能走得很远。"在探索教育的路途上，我们可以一起读书学习讨论交流，分享碰撞，彼此勉励，取长补短。

　　"最好的教育是自我教育。"只要我秉承一颗赤子之心，努力挑战自我，活出最美好的自我，把教育的神圣寓于教育的平凡之中，我想这就是完整而幸福的人生。在这一年的"共读共写共生活"中，我开始思考教师的角色，终于在《致教师》前言的《我是教师》里找到了答案："教师，不是园丁，教师本身应该是一朵花儿，教育是师生互相作用的过程。"

急功近利对教育的危害

对爱的教育体悟有多深,那些助我成长而偏离教育轨迹的点滴就有多惨痛。

张丽,是我第一届带班主任时班上的一名女生。在她很小的时候,一觉醒来,妈妈就不见了,所以她一直跟爸爸生活在一起。现在想来,在这样的家庭背景下成长的孩子,总会在心理上有一些缺陷,可那时的我,还不懂得这些。成绩差、拖后腿,就成了她在我心里的代名词。初三的一天下午,当我走进教室的时候,张丽正趴在桌子上,周围围了好多孩子。我想,准是她又出了什么幺蛾子。我怒气冲冲地走上前去,摇着她的身体问:"又怎么啦?"她抬起头来,吓了我一跳,血和泪水糊了她一脸。她看了我一眼又趴了下去。我只有问其他孩子,到底发生了什么。孩子们告诉我,下午刚来上学的时候,张丽的爸爸冲进教室把张丽打了一顿,原因是她昨晚夜不归宿。下午放学的时候,张丽的爸爸又来了学校,他说不让女儿上学了,省得跟她妈一样学坏。惭愧地说,当时听到这个消息,我内心是有一点兴奋的,因为这样的一个差生要走了,就不用算我这个班的成绩了!于是我什么都没说。第二天一早,张丽又来上学了,我有一种上当受骗的感觉,不爱搭理她。中午还没放学,张丽的爸爸就堵在了教室门口,下课铃刚响,他就冲进了教室,拉着张丽就往教室外面拖,张丽的双手死死抓住课桌不放,对我哭喊着说,她不回去,她爸会打死她的。那时的我竟然对她的哭喊无动于衷,还帮忙去掰开她抓着课桌的十指,一根、两根……十根手指全掰开了,她又转身抱住了我，死死不放。我哄着，劝着，说那是爸爸，是不会打死她的。终于把她弄到车上，让她爸爸带走了。从那天以后，张丽就真的再没来上过课。若干年后，我们当年那个班的班长对我说，她在QQ聊天时碰到了张丽，她们还开视频了。张丽变了，长发、浓妆、手里夹着烟。张丽对班长说，她恨我！她说，如果当年我能留住她，或许她就不会是今天这个样子！我心里特别难过，难过到觉得胃里也不舒服，抽搐、痉挛。现在提起，也是同感。这是我心里唯一一块儿没有阳光的地方！

美国著名教育心理学家G.Ginott博士说过："在经历了若干年的教师工作之后，我得到一个令人惶恐的结论：教学的成功和失败，我是决定性因素。我个人采用的方法和每天的情绪是造成学习气氛和情景的主因。身为教师，我具有极大的力量，能够让孩子们活得愉快或悲惨。我可以是制造痛苦的工具，也可能是启发灵感的媒介，我能让人丢脸，也能叫人开心，能伤人，也能救人。无论在任何情况下，一场危机之恶化或解除，儿童是否受到感化，全部决定在我。"

当标准遇到爱

抓到分班名单的那一刻，我不禁心里懊恼，后悔自己没有好好洗几遍手。最后一名，是一个叫刘涛的孩子，语文成绩14.5分。开学第一天报名，其他孩子都到了，刘涛还没来。我心中狂喜：老天爷啊！你真是眷顾我！谢完老天爷没多久，一个男生怯怯地站在门口，我问他干吗，他说来报到。

"你叫什么？"

"刘涛!"

"为什么才来?"

"我坐错教室了!"

开学没几天,刘涛的妈妈来学校告诉我,刘涛小的时候发烧,被耽误了,反应比较慢,学习有困难,她愿意去跟校长说说,别影响了我这个班的成绩。我说没事儿,不影响!就这一句话,刘涛的妈妈竟哭了。她说,小学的时候,刘涛一直坐在教室最后面的角落里。每次考完试分析成绩,老师都会在家长会上说,我们班,除了一个脑子不好使的,其余学生的成绩如何如何。她说,为了能提高孩子的成绩,她专门买了小黑板,一遍、两遍……十遍地教,可刘涛当时会了,之后就又不会了!后来学的内容难了,她也辅导不了了!了解到了这种情况,我只能自我安慰道,或许这就是我和这个孩子的缘分吧!我把他的情况跟任课教师一一作了说明,在孩子们面前我什么都没说。但是有人欺负了刘涛,我会站在他这一边;上课轮到他回答问题,我也不会跳过,而是帮助他、鼓励他,哪怕说个 A 也行,热烈的掌声送给他;看到没人理他的时候,我会过去抱抱他。慢慢地,孩子们也接纳了他,不再歧视他。前几天,在我们班的 QQ 群里,刘涛发了个语音,孩子们使劲儿说,涛哥飙英语了,涛哥飙英语了。我一听,原来刘涛在维持 QQ 群秩序,说了一句"Stop!"毕业后,我的桌子上放了一份礼物,不知道是哪个孩子送的,打开后就看到了刘涛竟然非常工整的文字:张老师,谢谢您!我舍不得您!

印度哲学家克里希那穆提说:"笨蛋是出于比较,还是他缺乏从事某种活动的能力?我们设置了基于度量的特定标准,那些没有达到标准的人被认为是有缺陷的。当教育者把比较和度量撇在一边,他就会关心学生本来的样子,他和学生的关系就会是直接的,完全不同的。理解这点是很重要的,爱不是比较来的,它没有度量。"

　　教育就是要让每个孩子找到自己的位置,教育是生命影响生命的过程。我们不应该因为分数而看低一个鲜活的生命,教育不只是为了分数,是为了一个生命的美好发展!

第四章
爱在彼此心间流淌

概述：第三章从教师角度对爱的教育有了理性的思考与实践，在本章，我们会看到当理性的爱变成感性的爱，我们会看到在教师和孩子间双向流动的爱，用爱真正托起了教育。

当被爱武装的教师走向孩子时，教育的面纱被逐渐揭开，鲜活的灵魂奔向太阳的所在，沐浴在师爱之下，有了理解，有了包容，有了欣赏，有了信心，有了灵魂，有了幸福……

通过前面的阐述，我们看到了时代所需的教育，也看到了当下教师能给予的教育。在一个个被爱温暖的孩子的成长背后，爱的基调是主导力量，可是你是否疑惑过，只不过是寻常的爱意，只不过是人人可知的爱，为何在教育面前能以四两拨千斤的态势扭转乾坤，尤其针对义务教育阶段的孩子，爱的教育威力更加巨大。当教师能看到肉眼看不到的那些牵扯时，解决之道自然而然浮出水面。而让教师洞察秋毫的心灵之眼是爱，让孩子感受到爱并能自觉施爱是有章可循的。

在本章，我们会看到孩子在爱中如何破茧成蝶，飞向天空。绚烂的身姿背后，是教师欣慰的目光。

一路芬芳
班主任工作漫谈

一、改变从教师开始

教师点滴

给学生爱，在努力给予学生所需时，常常也能发现自己在生活中最需要什么。

著名教育家陶行知先生曾对教师说过一句名言："你的教鞭下有瓦特，你的冷眼里有牛顿，你的讥笑中有爱迪生。"教育是一种爱的艺术！这种爱虽然不同于父母、家人、朋友的爱，但我觉得这种爱与其他类型的爱都具有一种共同的特点——无私。唯有这份无私的爱，方能激发我们教育的无限智慧和力量，同时，也能让我们的生命更加充实。班主任工作中的"爱"，不是一种简单的感情流露，而是一种对学生真挚的爱心。在人格的土壤中深深扎根的这种爱，随着时间的推移，逐渐地茁壮成长。担任班主任已有二十余载，我每日与数百颗渴望滋润的心灵接触，如何让这些心灵健康成长，成为我不断追求的目标。

第一，成为一位具有语言魅力的班主任。以轻松幽默的语言为媒介，能够轻松调动学生的情绪，营造出有益的氛围，进而激发学生的热情，同时也能提升学生对所上课程的兴趣和积极性。通过运用语言的魅力于班级管理工作，我们可以营造出一种融洽的氛围，从而提升教育管理的效能。还要用温和的话语进行教学，因为温暖的语言具有友善、温情的特质，它能够为学生带来愉悦的教育体验，同时也能够促进师生之间融洽和亲密的关系。

第二，成为一位心态健康的班主任。积极的态度是塑造行为的基石，只有拥有积极的心态，才能采取具有积极意义的行动。在教育过程中，只有教师树立了正确的态度和良好的形象，才会产生强大的影响力，才能对学生进行有效的引导。我们的工作效果取决于我们对待学生时所持有的态度。谈及教师的人格魅力，我们必须先探讨教师内心的积极态度和心态。有良好的心态，就能以饱满的热情对待每一位学生。班主任应当以乐观豁达的心态，时刻保持积极健康的内心状态，以应对不断变化的学习和生活环境。"笑"是一种无声的语言，一种智慧的启迪，一种有力量的激励。微笑不仅是一种愉悦的情感表达，更是一种能够为他人带来愉悦心情的艺术。微笑是最美的，但常常被人忽略，特别是在面对"学困生"时，很多老师很少露出微笑。我们必须深刻认识到微笑的重要性，并在内心深处时刻提醒自己：一定要让微笑永驻在脸上。

第三，做一个懂得尊重学生的班主任。以仁爱之心开启学子内心之窗，俗语所言"仁者无敌"，实则在于宽容待人，善待他人。因此，作为一名优秀的班主任，我们要善于用爱去感化每一位学生。作为一位班主任，若能以宽广的胸怀和包容的态度对待学生，不仅有助于维护他们的自尊心，更能展现出教师的胸怀，从而赢得学生的信任和支持。只有这样才能真正做到"亲其师，信其道"，从而拉近师生间的距离，营造良好的师生关系。在严格要求学生的同时，班主任应该以包容的心态和坦诚的态度去接纳、理解孩子们，并与他们建立亲密的关系。我们不会因为他们的学业表现不佳而袖手旁观，也不会一味地指责或批评，相反，我们会以深入浅出、真诚朴实的方式，尽可能地让学生感受到由衷的尊重。教师应当以尊重每一位学生的人格尊严和价值为前提，倾心呵护每一位学生的内心成长，以宽容、理解的态度，善待学生的缺陷，与学生共同克服成长中的挑战，品尝他们成长中的喜悦。

学生的自我价值感极强，班主任一次愤怒的责罚，一声粗暴的呵斥，一丝轻蔑的神情，一句不当的讽刺……往往会给学生的内心留下难以愈合的创伤。在教育工作中，我们经常可以看到一些班主任对学生的批评和斥责。当班主任有意无意伤害一个学生的自尊时，学生的内心可能会涌现出愤怒的反抗情绪，导致师生之间的情感对立，这也可能会导致学生在某些方面的才华消失殆尽。

第四，做一个尊重家长的班主任。为了更好地实现教育的目标，我们需要与家长建立起紧密的教育共同体，相互配合，共同努力。为了获得家长的认可，班主任应该深入挖掘学生的长处，积极表扬，让家长为自己的孩子感到自豪，同时也要让孩子在家长面前获得应有的尊重。如果我们的教育方式不当，家长也会觉得很委屈。有时候，当学生遇到问题时，有些班主任会抱怨家长的不配合，但实际上，是我们的职责未能得到充分履行。班主任如果能把家长的期望转化为师生共同努力的目标，那么，学生和家长之间一定会产生一种良好的互动关系。若不向学生明确强调遵守纪律的重要性，只是一味指责家长的教育，反复请家长，则会引起学生和家长的反感，在此种情况下，期待家长配合解决在校的任何问题，简直不可能。

第五，做一个给学生树立榜样的班主任。我一向坚信"身教重于言教"。孔子说过："其身正，不令而行；其身不正，虽令不从。"身体力行，从小事做起，是一个貌似容易却难以做到的自我要求。在当今，我们所面临的挑战并不是因为我们的认知和眼光不足，而是因为我们缺乏从自身做起、从琐碎小事做起的持之以恒的精神。班主任素质直接影响着学校教育的效果。当学生被要求准时抵达校园，不得有任何迟到行为时，是否存在教师迟到的情况？当教师检查班级包干区域清洁情况时，是否存在教师不自觉地将烟头随意丢掉的情况？很多细节无形中削弱了学生对教师的信任。如果没有一个良好的师生关系和和谐的课堂氛围，就无法实现师生之间的有效沟通，更谈不上培养出具有高尚道德情操的合格人才。因此，作为班主任，必须以高尚的思想和高尚的师德为准则，从琐碎的小事做起，从身边做起，从自己做起，以身作则，时时、处处、事事为学生树立榜样，只有这样，才能让教育达到润物无声的境界。以身作则，言传身教，作为肩负着双重使命的班主任老师，我们的每一言谈举止都将深深地烙印在学生的心中，成为他们学习的楷模。因此，班主任应当注重规范自己的言行举止，以确保学生在潜移默化中受到教育和影响。

历代教育家均强调身教胜于言教，要求学生做到的，教师应率先践行，发挥自身的示范作用，为学生树立身边的楷模。作为一名班主任，我们的教育对象是青少年这样一个特殊而复杂的群体。班主任的世界观、品德、行为和对每一件事的态度，对全体学生都将产生深远影响。车尔尼雪夫斯基说："教师把学生造成什么人，自己就应当是这种人。"

第六，做一个具有渊博学识的班主任。班主任的威信不是来自"尊严",也不是来自权力,而是来自自己渊博的学识,来自自己出众的能力。学生,特别是城市学校的学生,见识广,对周围事物的感性认识多,有时可能还会出点主意来考考你,为难你。如果班主任没有威信,那么这个班的教育工作将无法顺利进行。要管理这些孩子所组成的班级,必须在他们面前树立威望,引导他们勤奋学习、勤奋读书,这是一项非同寻常的任务,需要非凡的能力。作为班主任,必须具备卓越的学识和出色的学生管理能力,广博的知识能够让学生感受到老师的非凡之处,从而由衷地敬佩;另外,还要善于运用各种教育方法去影响学生。

尊重是彼此间的纽带

作为班主任,必须以尊重学生的人格、情感、个性特点、自尊心理、理想选择和学习成果为前提,只有这样,学生才能在班主任的呵护下茁壮成长,才能在班主任的尊重下绽放出心灵的花朵,时时刻刻散发着绚烂的光芒!我相信,每一位教师都渴望自己成为一名受欢迎的班主任。学生所期待的班主任应当是神采奕奕、面带笑容的,因为他不仅要给学生传授知识和技能,更要用一颗平常心来对待每一位学生。因此,班主任应当以自身积极进取的精神感染学生,以其独特的人格魅力对学生产生影响;同时班主任也需要不断地提高自身素质,丰富教育内涵,增强班级管理能力。我们应该不断完善自我,将自己真挚的情感和真挚的爱意献给学生,以赢得他们内心深处的喜爱和尊重,成为一名真正有魅力的班主任!

二、用爱融化学生心灵上的"坚冰"

一名"劣迹斑斑"的"坏"小子

教师懂得了爱在教育中的重要性，时刻吸收感受着身边的爱，然后蓄力于心中，那么在面对孩子时，爱自然而然是相处的基调与解决问题的出发点。

何杰，一名小学时就已小有"名气"的学生。他的有名不是因为品学兼优，而是在小学时已是"劣迹斑斑"——不遵守课堂纪律，上课经常讲话，做小动作，影响老师讲课；课后大声喧哗，影响同学休息；作业要么不做，要么抄袭，学习成绩很差；经常说粗话，还总有迟到现象；甚至还偷同学的东西；除了他的几个"哥儿们"，他和其他同学之间不能和睦相处；对老师的批评教育，他屡教不改；行为习惯相当差。

我想，所谓的差生并非天生如此，他发展到今天这个地步，应该也是有其原因的吧。

通过与何杰父母沟通后了解到，他父亲经常不在家，母亲工作又忙，很少有时间关心他。家庭教育过于粗暴，缺乏有效方法。父亲脾气不好，又缺乏耐心，平时不管，一听说他犯错就打骂他，致使父子关系比较紧张。他对爸爸的教育也置之不理。被父亲打过之后，他无处发泄，只能在与同学的打骂中出气。其次，奶奶的溺爱致使其没有养成良好的习惯和正确的与人相处的方式。放学后他都去奶奶家，奶奶从不督促他做作业，所以他没有按时做作业的习惯；放学后就只是玩。因此他的学习习惯极差，学习成绩也较差，上课坐不住，爱做小动作，影响老师和其他同学上课。再次，母亲虽然会教育他，但母亲每天忙于工作，没有充足的时间去教育和关心他，只是简单地满足他的物质需要，所以养成了他对什么都无所谓，生活习惯差，不爱劳动，不尊重他人及他人劳动成果的恶习。

尽管他表现出一副老气横秋的样子，但实际上他的内心还未达到成熟的程度，甚至比同龄孩子还要幼稚。他的头脑中有一些简单的想法，有时会毫不犹豫地执行，从不计较后果。此外，他的自信心不足，这也导致了他屡教屡犯。

经过不懈的探索和深入的分析，我最终找到了他行为背后的原因，于是我开始思考如何帮助他改变。要想让那些放荡不羁的人回归正轨，除了对症下药之外，还需要耐心地逐步推进，因为心急吃不了热豆腐，这种情况并非一朝一夕所能形成。

为了赢得他的信任，我摒弃了"师道威严"的态度，以朋友的身份与他心平气和地交谈，表明他所犯的错误是有其根源的，并非不可原谅，无须因此过度自责，放弃自我。他听了很高兴。我注意到他的声音洪亮有力，有强烈的表现欲，同时还能体谅父母，表现出强烈的自尊心和孝心，这些都是他的优点。我还注意到他对教师的评价比较客观公正，没有任何成见。起初，他对我表现出了冷漠的态度。随着谈话次数的增加，他的态度逐渐趋于平和，对老师的话语不再漠不关心，同时在课堂上的自我控制能力也得到了提升。

接着，我与他的家长再次取得联系，要求他们转变以往非打即骂的教育方式，避免进一步加深孩子的反感和自卑情结。然后向他们介绍我们学校开展心理健康教育活动的基本理念、主要内容以及取得的效果等，希望他们能够抽出更多时间，深入了解孩子的内心世界，规范孩子的不良行为，并及时与我们学校建立联系。在与家长进行了多次深入的交流和沟通后，我得到了他们的大力支持。

我对他的学习、生活和思想动态始终保持着持续的关注。比如在教学中，经常对他进行思想教育，引导他树立正确的人生观。我与其他授课教师联合，经常与他交流，深入了解他的内心世界，给予全方位的关怀和激励；平时注意观察他的上课状态，随时记录其思想变化，发现问题及时解决，以保证他能够按时完成作业；为了确保他在学习过程中能够积极参与，我们专门准备了一个课堂纪律反馈本，要求各科的课代表主动提供帮助和督促，并在每节课下与任课老师签字确认其课堂表现。通过监督提升他在课堂上的听课表现。

我向他表明，尽管你曾犯过错，但我们现在不再追究责任，因为这些错误都是有其深层次原因的。虽然你还年幼，不能归咎于你，但随着时间的推移，你逐渐成长，即将成年，你必须为自己的行为负责，否则，受伤害的只会是你自己。所以你应该好好学习。唯有勤奋学习，方能成就非凡。我一再鼓励他，只要愿意付出努力，将来进入高中或技校，你的未来会充满希望。我留意到他的瞳孔中透出了一股明亮的光芒。

目前，他已经能基本遵守课堂纪律，独立完成课后作业，并且在学习方面取得了显著的进步。现在的他是一个很有特点的孩子，思维敏捷，反应迅速，做事认真。我相信，不久的将来，一个崭新的他将会出现在我们面前。

用爱理解并走近后进生

看着何同学的成长，我有太多的感悟，我觉得教育"差生"可从以下几方面入手。

第一，任何孩子的不良行为都是有原因的，有家庭的、社会的、学校的，要找到病根，对症下药。

第二，未成年人犯错误是正常的，错误是人成长的印记，从不犯错误反而是不正常的。只不过何杰表现得更突出罢了。

第三，有的孩子不遵守纪律，喜欢说话，只不过是想表现自己，想引起别人的重视，因为他没有正当的表现机会，没有一个正常的渠道发挥精力。

第四，处理的基本原则：对学生必须宽容。无论他有多少缺点，毕竟还是未成年人，可塑性很大，一年内若能转变，将会有益一生；若沦落下去，则会害己害人。

因此，作为教师，一定要用宽容之心，用真诚和爱去化解学生心中的坚冰，让学生感觉到被爱。

我们知道，当人受到威胁、筋疲力尽或者觉得被压垮时，若能感到被他人所爱，则可以感觉温暖而放松。在那些被看到、听到以及可以在心里感觉到的情绪线索的帮助下，非言语的交流可以中和压力；痛苦的感觉可以被那些让我们恢复放松状态的感觉所替代。转瞬之间，我们就可以从消极状态转变为放松状态。感觉被爱是压力的天然解药，感觉被爱是破解学生坚冰的利斧。

三、对进城务工子女多一点爱

一个无法感受爱的孩子

新学期了,我所带班级的孩子们转眼到了初三。这个班有别于以往我所带班级的情况是:我所任教的学校位于兰州市主城区、市中心,学生的来源多是周边省实验小学等几所教学质量很不错的学校,但是近几年随着兰州市实施均衡办学、一体化办学等政策后,学校的生源发生了很大的变化,尤其是进城务工子女的人数在逐年增加。

开学初,班上来了一名叫白琦的学生,上课不专心听讲,经常违纪,刚开学就用胶带堵了学校的监控探头,接着又是威胁、恐吓初一学生,随后又故意损坏了其他同学的自行车,我几次把他叫到办公室试图和他交流,可是他不是低头不语就是对我的"谆谆教诲"置若罔闻,依然我行我素。于是我多次主动和白琦同学的家长交谈,取得家长对我的信任,得知白琦同学父母均为进城务工人员,由于文化层次低,也没有什么手艺,他们每天的工作很辛苦,根本没有时间管孩子,更谈不上辅导孩子的功课。孩子随着年龄的增长虚荣心也在一天天增长,总是抱怨父母没本事给他买名牌自行车、运动鞋等,有一天竟然背着父母"拿"了家里的五百元到学校请同学吃西餐,可他哪里知道那是父母辛苦攒下准备交房租的钱。在与白琦同学的父母交流后,我在班上举行了一次"感恩父母"的主题班会,邀请所有学生的家长参加我们的主题班会。我们的主题班会从一个生命诞生,到父母对一个孩子成长的每一步付出的艰辛谈起，在优美的乐声中孩子们一个个眼含泪水拥抱感谢自己的父母。这时我注意到白琦同学也站起来了，他走到父母面前深深地鞠了一躬说："爸爸、妈妈，我爱你们！"当看到他们一家三口幸福地拥抱在一起时，我真的很感动，也很开心。

当有光照进孩子心间后

放学后，白琦同学和他的家长主动走进我的办公室，白琦同学向我敞开心扉说出了他的困惑，他说自己是一个自尊心很强的孩子，可是来到城市以后，他觉得自己不但学习跟不上，而且好多其他同学有的东西他都没有，他内心很不平衡，回家看着狭小寒酸的家，他总是抱怨自己的父母没有别人的父母有本事。渐渐地，他担心被同学看不起，就故作"霸气十足"。他说通过这次班会及老师的帮助，他认识到了自己的错，一个人可以选择一切，唯独不能选择父母，"可怜天下父母心"，父母都是爱自己的子女的，子女应该珍惜父母的爱。

通过一段时间的潜心努力，精心转化，我终于取得了可喜的成果。白琦同学由"捣蛋鬼"转变为纪律委员，现在每天看到他自信、认真地疏导同学们安全进出教学楼时，看到他阳光、开心的微笑，我的内心真的很欣慰。愿我们携起手来，乘赏识之风，捧关爱之情，燃信心之火，播希望之种，使每一位孩子都能沐浴在师生的关爱之中，共同把后进生转化成为先进生，成为国家的栋梁之材！

四、用爱静等花开

一个侠气十足的假小子

苏联著名教育学家苏霍姆林斯基说:"从我手里经过的学生成千上万,奇怪的是,留给我印象最深的并不是无可挑剔的模范生,而是那些别具特点、与众不同的孩子。当我们看到一个个问题学生在我们的引导与呵护下,走出了泥潭,冲破了阴霾,重新焕发生命的光彩时,我们心中涌起的是一种幸福感。"这不禁让我想起了我现在所带班级的一名学生。

这个班是我初二时中途接手的,刚接手这个班时,这个班纪律松散,学习成绩在全年级倒数。在我开始对班上学生进行了解时,我发现班上有一名叫王小燕的女同学是"侠气十足"的假小子。她乐于助人,上课表现比较活泼,能积极举手回答问题,作业正确率也还可以,在平时的劳动表现中也非常积极,但她自由散漫,在班上喜欢"打抱不平",经常有同学向我告状说王小燕在班上欺负同学。我找她询问原因,她经常一副无所谓的样子对我说:"老师,李磊就是欠揍,我看他不顺眼,就教训他了,你觉得怎么样?要是觉得我做错了,你就让学校开除我,不过我觉得我没错。"听了她的话,我当时真的有点想"大发雷霆",可是多年的班主任工作经验告诉我不能那样做,我得了解清楚事情的来龙去脉,我对她说:"在老师没有了解清楚缘由之前,请你先不要自作主张在班上打抱不平,相信老师有能力管好这个班级,处理好班级的每一件事。"在随后的班级管理中我经常征求同学们的建议,请他们为班级的发展出主意,想办法。学生们提出了很多好的建议,其中我发现王小燕同学提的建议很多,而且都很符合班级的发展,她经常会对我说:"老师,我觉得我们班应该……不应该……"我发现她真的很有想法,那她为什么那么自由散漫呢?经过和王小燕交谈,我发现,王小燕的母亲来自有"苦甲天下"之称的甘肃会宁,他的父亲来自革命老区庆阳,按他们的成长经历及想法,他们主张孩子应该从小学会吃苦、自立,因此他们从小就让孩子学做家务,自己照顾自己,也不像其他的家长那样对孩子百般宠爱。本来教育孩子从小学会照顾自己、自立自强是无可厚非的,但是他们过于放任孩子了。问题就出在小学教育的环节,兰州城区好点的小学都是大班,老师管理难度大,而王小燕有时在课堂上有小动作、说话等行为,影响了老师上课。老师希望家长配合学校教育,她的家长起初还配合,后面老师再请家长他们就干脆不去,老师也就一次次地对她批评、罚站。日复一日,她学习成绩开始下滑,自信心缺失,成了老师眼中所谓的"坏学生"。

包容加欣赏的教育

在了解了王小燕同学的情况后,我对她实施了包容加欣赏的教育方法,对她所犯下的错误及时、友好、善意地指出,对她的优点及点滴进步及时表扬鼓励,经常让她为班级做一些力所能及的事情。在学校组织的拔河比赛中,王小燕同学带领全班同学齐心协力参加比赛,最终班级在学校拔河比赛中大获全胜,班级的凝聚力倍增。这时我在班上对王小燕同学及时表扬,并鼓励她在各个方面都能起到引领的作用。慢慢地我发现王小燕同学开始能严格要求自己了,也越来越关心班集体和同学了,她不再"桀骜不驯""自以为是",学习成绩也有了显著的提高。在第二学期的班长竞选中,王小燕同学被大家一致推选为班长,同学们对她的评价是:关心集体,大公无私,吃苦耐劳。整个班级在全体师生的努力下呈现出团结向上的勃勃生机,班级成绩也名列年级前茅。

通过对王小燕同学的教育转化,我感觉老师要创造性地看待学生的优点,并适时地进行表扬和激励,这样就能唤醒学生学习的欲望,变成学生向上的动力。同时,班主任老师要有足够的耐心与恒心,因为学生的转变是漫长的、波动的、反复的,急功近利是不可取的,让我们用足够的耐心和爱心,静等每一朵花慢慢绽放。

五、用爱心搭建与后进生沟通的桥梁

一个边缘地带的后进生

我班上有一个学生,名叫李添,平时很少说话,在课堂上几乎从不主动举手回答问题,学习注意力很不集中,作业经常"缺斤短两",书写相当潦草……每天总有科任老师向我告状。于是,我找他谈话,希望他能遵守学校的各项规章制度,做一个认真学习的好孩子。他开始是一副爱理不理的样子,后来口头上答应了,可他在行动上又一如既往,毫无"悔改"之意,让我真的感到头疼。我想或许他是根"不可雕的朽木",但又觉得身为班主任,不能因一点困难就放弃这个孩子,我必须认真分析原因,了解情况,与家长及时沟通,找到问题的症结所在。

一路芬芳
班主任工作漫谈

经过与家长多次交谈,以及向班上同学了解,我发现李添同学其实很聪明,也很有上进心,只是由于他来自一个城乡接合部的小学,基础及知识面相对于城区的学生有些薄弱,进入中学以后,加之班上有些同学总是嘲笑他的浓重"乡音"和那不是很标准的英语发音,所以他变得很自卑,上课不敢举手回答问题,以至于他的成绩越来越不理想,成了同学们眼中的"差生"。李添同学很痛苦,家长也很焦虑,在耐心地倾听了李添同学的倾诉之后,我多次与家长交谈,与任课老师沟通,请他们多鼓励,帮助李添同学。

首先,作为班主任又是英语老师,我决定从学生每日的英语演讲入手。我和李添同学约定每天见面简单的打招呼就用英语,鼓励他多听、多读英语,课余时间我随时帮助李添同学练习口语。经过一段时间的训练,我发现他的口语进步很大,说话声音也大了,于是在他做演讲时我帮他选择了奥巴马就职演说词的一段,并且买了《奥巴马演讲》一书送给他,他很用心,不会的单词问老师,查字典,为了做得更好,他一遍又一遍地对着视频练。

"功夫不负有心人",终于,在他做演讲时,他的精彩表现让昔日嘲笑他的同学刮目相看。

机会与舞台重塑信心

在教育、引导李添同学的过程中,我始终相信后进生同样具有良好的本质,并相信通过自己的爱心与坚持,李添同学一定会改变。我通过寻找孩子的闪光点,经常以朋友的口气和他谈心,将他的优点放大，及时在班上对他进行表扬与鼓励。有一次我办公室的电脑死机了，同学们说李添是电脑高手，我说："李添同学，听同学们说你是电脑高手，你能帮老师一个忙吗？帮我修一下电脑！"没想到他很快就帮我解决了电脑故障，我则不失时机地对他大加赞赏，我当着全班同学的面表扬他："李添同学很聪明，你把电脑研究得这么透彻，你的理科一定能学好，老师相信只要你努力、用心，你的数理化成绩一定会提高！"同学们纷纷鼓掌。自此之后，我鼓励他多去帮助别人，为班级做一些力所能及的事，没想到他的表现越来越出色，同学们对于他的改变感到极为吃惊。我明白，是那次我几句表扬的话语、同学们热烈的掌声起到了重要的作用，那次的表扬与掌声增强了他的自信心，让他觉得这个集体是那么美好，让他觉得身边的这些人都是关心他的。后来，他的学习兴趣也越来越浓，学习成绩有了明显提高，我感到很欣慰。

用爱心搭建与后进生沟通的桥梁才能真正意义上起到转化后进生的效果，作为班主任，我们应该真心去爱孩子，去呵护他们。

一名被生活所累的孩子

我们班上有一名男生，经常迟到，课堂上自由散漫，成绩很差，我就很自然地将他树为"反面典型"，动辄拿他说事儿。在我的严词厉责之下，他非但没有改观，反而更加肆无忌惮，弄得任课老师提起他没有不摇头的，我也十分无奈。但非常偶然，一天下班后我遇到了他的妈妈，闲聊中，我发现了这个孩子的另一面：他父亲早亡，母亲多病，仅靠一点儿微薄的下岗工资为生。他在家很懂事，也很孝顺，每天天不亮就起床，然后照顾母亲吃饭、吃药，之后再赶去上学，因此经常迟到。想象着这么单薄的一个孩子，肩上却过早地负载了生活的沉重，而我却将他否定得那么绝对，我不由有几分不安。所以第二天，当他一如既往地迟到，满头大汗、一脸窘相地站在我面前时，我只轻轻地问了一声："吃早饭了吗？"然后点头示意他进来。此后一连几天都如此，他终于忍不住问："老师，你是不是在讽刺我？"我很坦诚地表达了自己对他在这样的年龄就能为母亲分忧的感动与尊重，推心置腹地提醒他能为自己也为母亲做得更多更好，希望他将来能学到一技之长，真正改变自己的家境，给母亲带来幸福。这次谈话的效果出乎我的意料，这个学生从此像变了个人似的，在各方面都能严格约束自己，不再迟到，成绩也上去了。

真诚理解的力量

这一事件深深地触动了我的内心，当我付出更多的关爱和关注于学生时，我惊喜地发现自己的教学工作开展得异常顺畅，取得了巨大的成功。我想，这一切都得益于我们教师对学生真诚的爱心和无私的奉献。我所付出的爱，不仅赢得了学生们的亲近、信任和爱戴，同时也提升了我的教育、教学水平。

六、爱的回流

一起长成花的模样

对于青春期的学生，自以为是和迷茫无措是同时存在的。由于自己的矛盾心理，他们很难向别人吐露心声。而找到学生的突破口，想办法让他说出所想，听你所说，很难。面对学生的问题，需要长时间的观察，而张子欢的故事则让我明白，等待学生的改变，更需要时间。

朱永新教授的《致教师》的前言《我是教师》里有这样一句话："教师，不是园丁/教师本身应该是一朵花儿/教育是师生互相作用的过程。"是啊，教育就是在孩子无论是灿烂如锦，还是灰暗如尘的年少岁月里，教师用自己渊博的学识、丰富的人生经历、无限的宽容与耐心陪伴在孩子身旁，无论他是收获喜悦还是经常犯错，教师潜移默化地鞭策着他，指正着他，激励着他，最后一起成长的过程。

记得新生开学报到，我远远就看到新生队伍里一个一米八几的大高个儿，同行的其他班主任还说："这个大高个儿一看就是当班长的料，本身就是班牌，今年的运动会也就没跑了。"我很幸运，一米八二的张子欢分到了我的班。可结果却是，别说班长，小组长他都不当，理由是："小学当了六年班长，当烦了。"说这话时，张子欢站在我办公室里，没有其他新生脸上的羞怯，笑着望向我。我暗暗祷告：不当班干部也行，好好学习，乖乖当个好学生就可以了。

谁知初一一整年的时间，张子欢拒绝参加一切集体活动。艺术节合唱当天，竟然请假；运动会，一个项目也不报。而除此之外，我大半的时间都在处理和张子欢有关的各种事件：或上课睡觉，或上课说话，或上课玩电话手表；之后问题上升至或顶撞老师，或抽烟，或逃课等各种问题。打架事件更是层出不穷，而且多是张子欢打别的孩子。训斥，谈心，请家长……我想尽各种办法，可收效甚微。而张子欢也从刚开始的笑着对答，到低头不语，一言不发。

老同志碰到了新问题，我开始四处请教，想找到解决张子欢问题的好办法。可我不管是每天嘘寒问暖还是上课提问，不管是下课请到办公室还是自习课谈心，张子欢就像是个铜豌豆，油盐不进。最后他到处和同学们说："张老师就是爱找我的茬儿，跟我过不去。"真是让人哭笑不得。再之后，张子欢甚至夜不归宿，光在政教处的检讨都有十多份。而对于被请到办公室这件事，张子欢对我越来越有敌意。一度我都想要放弃了，觉得"孺子不可教也"，可不服输的我又不甘心。而且更让我头疼的是，班上开始有一些孩子成为张子欢的"喽啰"，有样学样。后来同办公室的孙老师点醒了我，她告诉我："你应该放下你所有的先入为主，重新认识张子欢。"

我梳理从学生、家长各处了解到的一些情况，又回顾了这一年来和张子欢的相处，发现可能不是张子欢错了，而是一开始我就错了。张子欢也许只是一个有点调皮的男孩儿，而我在开学初却先入为主地把他幻想成一个经验丰富的班长，当现实没有像我预期的那样发展时，我又幻想他是个品学兼优的学生，而这些都落空时，我自然会产生一种恨铁不成钢的失望情绪，而这种情绪也就很自然地被带入到我的教育中，从而感染到张子欢，让他认为我在和他作对。我从他父母那里还了解到，张子欢因为父亲工作调动而转学，才来到我们这所中学，对此张子欢一直都有很大的抵触情绪，这使得他在融入新环境时，就比其他孩子更困难。

而且因为从小身高就高于其他同龄人,老师对他的关注度一直就很高,所以老师平时的关心,对他来说就稀松平常,甚至这种频繁的接触让他反感,于是就用消极的态度面对一切。我决定,先放养,犯了错误,我只是口头警告,不做分析,不写检讨。

我在等一个机会。终于,一节自习课,我发现张子欢很安静地坐在那里,一直在看一本很厚的书。我想看看是什么书,便走到他跟前,是本小说——《坏蛋是怎样炼成的》。这书名,看着就让人来气。我故作严厉地说:"作业都写完了吗?作业写完了,再看其他书。这本书,明天到我办公室来取!"那天晚上,我连夜将书浏览了一遍。《坏蛋是怎样炼成的》讲述了主人公谢文东由原本文弱、本分、听话、成绩优秀但被人欺负的好学生"成长"为杀人不眨眼的黑社会老大的故事。看来平时吊儿郎当的张子欢,内心深处还是渴望成功的,只要有追求,就好办了。

第二天,张子欢来要书时,我先说:"这本书挺好看的。"张子欢警觉地看着我。我接着说:"真的,昨晚我把这本书看完了,我挺喜欢谢文东的,能用自己的方式获得爱情、事业,挺让人佩服的。"张子欢还是一脸狐疑地看着我,然后我就将书中的几个精彩章节复述了一遍,张子欢这才卸下对我的防备,开始和我就书中情节聊起来。之后我故意说:"其实你这么能打架,完全可以学谢文东……"没想到,张子欢笑着说:"张老师,你别开玩笑了,现在是法治社会,谢文东那套不管用了。"我就问他:"那现在这个社会,你觉得怎样才能成功?"张子欢不回答,我笑了笑:"既然你爱看书,不如我们从书里找答案。"之后我提议,我们一起看同一本书,比赛谁看得细致。我要求张子欢不仅看书,

一路芬芳
班主任工作漫谈

而且抄书，并以此为语文作业。之后，我给他介绍了名人传记，我因此读完了《乔布斯传》《梵高传》等，张子欢也不再充满敌意和防备地看着我了。

第二年的运动会，张子欢所报的体育项目都取得了不错的成绩。当别的孩子向我汇报比赛成绩时，一旁的张子欢骄傲又有些羞涩的表情告诉我，我终于从他的对立面走到他的身边。没有考上高中的张子欢是他们这一届毕业生里第一个来看我的，仅仅一个假期的时间，张子欢比上学时显得稳重了许多。他和我说了很多，而说得最多的就是谢谢，谢谢我认真读了他的《坏蛋是怎样炼成的》那本书，因为那本书，他知道我是真心对待他。

我想，在教育工作中，方法策略也许都是其次，最重要的是，在这个过程中，学生能真切地感觉到你的用心。而张子欢的改变就是源于他感觉到我对他的用心。我曾经为了班上出现的欺凌事件，赶了一中午时间，做好关于校园欺凌的专题课件，下午停课开班会；也曾就孩子因为家暴而离家出走，和孩子的父亲电话沟通一个多小时；还曾为已经毕业的孩子找适合他继续学业的学校而打无数个电话。也许这些所作所为在当时并不能改变什么，但起码让处在事件中的孩子意识到：我不是一个人在面对，老师一直陪着我。

过去，我总是纠结于我的教育是否起了作用，可随着班主任工作的深入，我渐渐明白，教育是时效性低、徘徊期长、反复性强的事，一次事件、一个瞬间、一场谈话都算不上是教育，只有把这些日复一日的平常琐碎叠加在一起，教育才会在日积月累中从量变到质变，慢慢发生改变；也明白每个人的生活都应该在学习中度过，向书本学，向实践学，向同事学，向学生学；还明白"只有成长，才能够幸福"。现在的我终于知道，每一个孩子都是独一无二的花朵，花期不一样的花朵。你可以不在我面前结果，甚至不用开花。但如果有一天你开花了，我希望可以分享彼时的喜悦和快乐，因为在我们共同的成长之路上，我从来都没有离开过。

学生给我的鼓励

以上是我在带班过程中的点滴事件，揭示的是如果教师用爱的眼光看待每位学生，用爱的心思琢磨每件小事，用爱的心灵体会每位孩子的心，那我们会在爱中收到意想不到的效果。如果孩子能自觉施爱，那又会是怎样一种温暖。从教师爱的付出到爱的回流，这份感动值得期待。

一位哲人说过："教师的爱能使犯了错误的学生重新振作起来，教师的爱是用深情融化学生心灵上久积而成的'坚冰'，教师的爱是打开学生心灵大门的密钥。"当老师的爱如阳光般无私传递给每一个学生，照进他们幼小的心田，孩子们就会像阳光下的青苗一样茁壮成长起来。

由于我和学生彼此感情深厚，教过的学生毕业后还是会经常联系，我这才知道了许多以前的"秘密"。一次去打羽毛球的时候我碰到班上的几个女生，就一起打球，她们的球技都很好，我总是接不到球，打到后来连我自己都没了信心，就坐在旁边休息。这时我看到她们几个也不打了，在一边小声嘀咕什么，我也没有理会。过一会儿，其中一个叫我："张老师，再较量一下。"

一路芬芳
班主任工作漫谈

在后来的这场球赛里,我猛地觉得自己的水平好像提高了,她们几个在旁边喊:"好球,再来一个!""扣得好!"听见她们的声音我更加有劲了,因为我一直不会打扣球,现在终于可以了,我觉得自己真的很棒,谁说我没有这方面的天赋来着?毕业了很久,有一次在和某个同学闲聊中聊到这件事,我才清楚原来她们几个看见我没信心打了,就故意让几个球给我,只要我接住了就高呼好球。听到这些,我更深切地体会到第斯多惠说的"教育的奥秘不在传授,而在鼓励、唤起和鼓舞"。

学生伍悦打电话来告诉我她的文章上报了,并且被收录到了远方出版社出版的《创新校园文荟》。在谈话中当我衷心赞扬她的时候,这个孩子又回忆起来,有一次,我是怎样鼓励她把自己的文章在全班同学面前朗读的,从此她知道"有志者,事竟成!"……这些回忆令我心中倍觉温暖,真不知道是谁在教育着谁。

作为一名教育者,我深刻认识到我的一句话所蕴含的意义,以及我所采取的行动对学生终身的影响。作为一名教师,我们必须以高尚的师德为指引,以身作则,时刻关注自己的言行举止,成为学生心目中的楷模。教师要做学生心中的偶像,通过潜移默化的方式,运用自身的榜样力量,以人格为基础,以灵魂为媒介,对学生进行塑造和培养。作为班主任老师,我也一直在努力践行着这些理念。师爱犹如太阳的光辉,它所照耀之处,必将带来更加璀璨的光芒。

学生给我的敬爱

当清晨的第一缕阳光唤醒黎明,地球上的万物就在太阳的光辉照耀下焕发生机,蓬勃向上,此情此景总是令人有种说不出的感动。一名人民教师的高尚人格与情操,在学生心中,就像那温暖无私的阳光。

当初,大学刚毕业的我从课桌前站到了讲台前,还没适应身份的转变,就当上了班主任,无论如何也抑制不了自己的紧张。老教师传授经验给我,说要对学生给好心却不能给好脸。于是我决定用无比严厉的态度来对待学生们。这不但很好地掩饰了我内心的紧张,随时向学生发号施令还体现出了我这个老师的"权威"。

那还是刚上讲台不久,我给学生布置了一项作业,让他们回家背诵一篇相当难的英语课文。孩子们当时没有说什么。可到了第二天,我发现几乎有一半的学生齐刷刷地站在他们的课桌前,无可奈何地表示他们没背下来。我实在没办法抑制自己的气恼,惩罚的话脱口而出"没背出来的中午不许回家,直到能把课文背出来为止。如果说让你们挨饿是体罚,那老师也陪你们一起挨饿。谁背好了就到办公室来。"

才过十几分钟,我就看到办公室的门被推开了,一个脑袋探进来,是平时最爱调皮捣蛋的王斌。一看他这么快就背出来了,我的气更是不打一处来,一开口便说:"你看你这个人,才十几分钟就可以背出来非要被罚了才肯背,是不是?"我正在犹豫着是否该说"活该"这个词,王斌却对我做了个鬼脸,走到我的办

一路芬芳
班主任工作漫谈

公桌前，放下一个塑料袋，一转身便跑了出去。

我对着那个塑料袋呆住了很久。并不是因为塑料袋有什么特别之处，而是塑料袋里的东西：两个面包和一瓶饮料。后来才知道那是他妈妈来接他，怕他饿买给他吃的。这机灵鬼记住了我刚才说的话，想起了老师也在挨饿。

那是我一生中见到的最为愧疚的食物。它让我在羞愧的同时，认真地思考、分析我的学生。在我蛮横的严厉面前，孩子们依然敬爱着他们的老师。他们的心灵纯洁得就像一张洁白无瑕的纸。苏霍姆林斯基曾有一个十分精彩的比喻："要像对待荷叶上的露珠一样，小心翼翼地保护学生幼小的心灵。"这让我明白，老师为了体现自己的权威而苛责对待学生的做法是多么的错误和可笑。

第五章
打造孩子爱的空间

概述：本章聚焦在班空间的构建上，因为班级是孩子在校活动的主要空间。如果谈教育，班空间的构造也就不可或缺。本章对班级文化的建设以及主题班会的设计均给出了相应的实操经验。让爱的教育在班的空间落地。

一、如何建设班集体

班级是学校教育的基本单位,是培养学生的场所,是锻炼学生能力的摇篮。班级管理的质量,对学生身心健康的全面发展产生着深远的影响。班主任作为班集体的组织者、管理者和教育者,其作用就显得尤为重要了。将来自不同家庭、不同生活环境,以及性格各异的学生们组织成一个班集体,还要确保每个孩子都能在这个集体中愉快地学习、健康地成长,班主任应主要做好如下工作:

(一)培养得力能干的班干部队伍

七年级开学初,我通过阅读新生入学手册、日常观察、直接沟通、家庭访谈等途径,在最短的时间内了解班内每一个孩子。这是班主任的基本功,只有做到心中有数,才能实现教育有法。

之后就要建立一支得力能干的班干部队伍。在班级日常管理中,班干部承担绝大部分的工作,他们是班主任最得力的助手。考虑到班干部工作的至关重要性,我们建议由那些在学生中表现最为出色、责任心最强的同学来担任班级干部。为了保证这一任务顺利完成,我们必须对班干部进行科学的选拔。班委会的创立需要经过一到两周的观察和深入研究。只有通过对学生的观察、谈话、调查和研究,全面细致地了解他们的思想、兴趣爱好、健康状况、心理特点和生活环境,才能有的放矢地展开工作。除初始年级的首届班干部是在自荐基础上由班主任结合过去的档案评价指定外,以后每届选举都采用竞选与民主投票相结合的办法,尽可能让更多的学生有承担责任和获得锻炼的机会。

二要善用学生的长处。只有在尊重每个学生的独特个性、善用其长处的前提下，才能让每个学生的潜力得到充分发挥，从而更好地促进学生和班级的成长。

（二）创建和谐向上的班风

首先要发挥教师的核心作用。教师是塑造优良班级氛围的关键，必须拥有渊博的学识和广泛的兴趣爱好，真正实现"传道授业解惑"。教育之美在于其艺术性，如同春雨润物，润物无声，让学生在愉悦的氛围中享受教育，教师与学生融为一体，学生方能在"尊其师"的前提下，真正领悟"信其道"的真谛。作家冰心说："世界上没有一朵鲜花不美丽，也没有一个孩子不可爱。"要以真挚的情感滋润学生，实现相互关爱、相互扶持，以情育人的教育理念。

班主任工作千头万绪，但最重要、最有意义的就是对学生进行思想品德的培养和塑造。作为一名教育者，内心必须有一轮炽热的太阳，将其照耀在每一位学子的心田。

其次要建立平等的师生关系。因为每个学生的学习情况、行为习惯和接受家庭教育的程度各不相同，所以他们在班级表现和学习成绩等方面存在着巨大的差异。要端正教学态度，尊重学生的个性差异，因材施教。班主任应当以平等的态度对待每一位学生，善于发现学生身上的闪光点和不足，并在有利的时机与学生进行交流，以消除师生之间的距离感，消除学生的"逆反"心理，及时对症下药，从而确保班主任的工作能够顺利开展。

最后要引导学生正确对待矛盾。学生之间出现矛盾是一种常见的现象，如果不妥善处理，矛盾可能会升级，对学生的心理造成伤害，甚至会影响他们的身心健康。如何做好班集体建设是每个老师都应该认真思考并努力实践的重要课题。

(三)组织丰富多彩的课外活动

开展多姿多彩的活动，是构建卓越班集体的一种行之有效的途径。开展班级活动有助于学生多方面的能力培养，同时也能够激发学生在活动中的自我认知和自信心，从而使整个班级充满活力和凝聚力。如何更好地进行班级活动呢？在我的实践中，我专注于组织以下活动：首先，将每周的班级课程转化为活动课，让同学们可以自由地对时事和学校、班级的大小事务进行评议；通过辩论和演讲的方式展示自己的观点，增强同学间的团结感和归属感。通过这样的教学方式，不仅可以提升学生的政治素养，也能够促进同学之间的交流互动，同时也增强学生参与管理的自觉性。其次，我们应该积极引导学生参与体育活动，例如组建班级篮球队、足球队、排球队等，与兄弟班级进行比赛，以促进学生的身体素质和运动能力的提升。通过举办这些活动，学生们将获得社交技能，从而提升人际交往能力。在班级中，除了传统的演讲比赛、朗读比赛、辩论赛、小话剧等文艺活动外，还有其他丰富多彩的文化娱乐活动等待着学生们去探索。在此基础上再组织一些丰富多彩的体育竞赛，如拔河赛、跳绳、跑步等，以此来丰富校园的文化生活，陶冶青少年的情操，增强他们的体质。这些活动不仅促进了友谊的加深，同时也激发了学生的潜能，为单调乏味的学习注入了新的活力和动力，使学生的集体荣誉感得到了显著的提升。

(四)做好学生的心理疏导

尽管绝大多数学生在心理健康方面未出现重大问题,但他们正处于生长发育的关键时期,心理状态不够成熟,情绪波动较大,因此班主任必须高度重视并采取有效的心理疏导措施。作为班主任,我们需要关注学生的个体差异,并有针对性地实施教育,以确保他们在学习过程中获得最佳的教育效果。应抓住以下两个主要问题:

第一,加强家校沟通,注重情感交流。在实践中,我一方面采用家长会的形式与家长进行互动交流,以促进双方之间的沟通和理解;另一方面,我采用家访和个别对话的方式,与家长建立联系,以解决个别问题。这样既能及时解决家庭生活中出现的矛盾,又能使教师对孩子有更多的理解和关心。只有在充分认识到家庭教育的重要性之后,班主任才能以客观、全面的态度了解学生心理成长的过程,从而提高教育效果。

第二,鼓励关爱,扶起自信之树。大多数学生的心理健康问题源于缺乏关爱、理解和信任,这是一个普遍存在的问题。以充满爱心的态度对待孩子,以保护、爱抚、友善、关心、热情的态度对待学生,用关爱的精神去教育那些心理不平衡、心理被扭曲而受到伤害的学生,通过耐心的心理引导、循循善诱的心理安慰和心理咨询,给予他们安抚,从而缓解他们的心理压力,调整不健康的心理状态,帮助他们逐渐找回自信,快乐地生活和学习。

当然,要建设一个优良的班集体,除上述四点外还有许多工作要做。例如,每学年开学是班主任工作最繁忙也是最重要的时刻。刚刚从小学毕业踏进中学校门的新生,觉得一切都是那样新鲜，而初中生活与小学生活有很大差异。制定一套行之有效的班级管理条例，将学生学习、日常行为规范管理量化，通过制度激励学生勤奋学习、相互关心、相互帮助，争做文明优秀学生是非常有必要的。

独木难成林，育人需同心。作为班主任，取得同事的协作、赢得家长的信任、获取社会支持，进而取得事半功倍的教育效果，这是另一项基本功。

首先，要与同事协作。我经常与班级的各位任课教师沟通，了解班内学生在其他课堂上的表现，及时捕捉教育契机，找出问题解决方法，做到各科一条线、育人多平台。

其次，要加强家校合作。我经常通过电话、短信、微信、班级群等各种方式与家长沟通。特别是对于一些自身习惯不佳、对孩子重视不够的家长，更要想方设法地沟通，推荐阅读书目，甚至开办家长学校，使其明确教育意义，习得育子方法，达成教育共识。

班主任要想做好班级工作，取得家长的信任是最不可或缺的重要前提。第一次家长会，我一定会做最充分的准备。我会全面介绍学校、班级教师团队及自己。让家长们对学校、对老师都能有一个客观全面的认识，也对我班的发展前景充满信心。会后，很多家长自愿加入家委会，迫不及待地想要为班级服务，积极主动的家委会很快就开始工作，家校联系更为密切了。

另外，班级微信群是家校联系的又一重要交流平台，它突破了时间、空间的局限，打破了人际交流的拘束。在我班的微信群中，大家传递正能量，交流育儿经验，征求活动意向，记录在校生活，解决急难问题等，既有文字，又有照片和录像，更新快、参与广。人人都是教育者，个个都是参与者，多元化沟通拉近了彼此之间的距离。

最后，利用社会资源。我利用节假日布置一些实践性作业，引领学生到图书馆、博物馆、社区服务中心等进行实践活动，提升学生的综合素养。家长们热情参与，孩子们自由快乐，老师与家长间互帮互助，家长、孩子、老师相处融洽，交流亲密无间。此时，家校已经完全融为一体，没有距离了，留下的只有真诚的友情和前进的动力。

总之，只要我们班主任有一颗仁爱之心，用心与学生交流，关爱每一个学生，发现每一个学生的闪光点，一个生动活泼、健康向上的班集体就会呈现在我们的眼前。

二、班集体中德育的重要性

对于班级的建设，德育很重要。

教育规律表明：德是学生个性的主导因素，对智、体许多方面的发展起不可忽视的作用，而作为学校教育的基本单位——班级，更应该发挥德育的基础作用，加强班集体思想建设，坚持把德育放在首位，只有这样，才能创造出一个个优良的小环境，从而形成大环境——中学整体德育工作的新局面。要创造良好的小环境，首先要注重学生的行为规范，重视规章制度的建设，抓好新生的起始教育。

在全新的班级中，学生们来自不同的家庭，他们在思想品德、学习成绩、身体素质等多个方面呈现出显著的差异。我是这样进行班级管理的：首先，创设宽松和谐的学习氛围。为了实现班级整体优化的目标，我们必须高度重视规章制度的建设，并深入推进学生养成教育，以建立一个卓越的班集体。其次通过制定明确的规章制度，以规范学生言论并引导其行为；以正确的思想理论为指导，通过健康的活动来熏陶其情操，从而达到教育目的；通过制度和文化的力量去感化他们，使之自觉地规范自己的行为。初入校门，新生的每一个言谈举止都应受到严格的规范和约束，以确保其行为举止的涵养性。因此，在新生入学时必须抓好班级常规管理，并根据本班的特点制定相应的班规班纪，以确保学生的行为规范。同时还要注重开展丰富多彩的活动和学习实践，使之成为培养习惯的好方法。通过召开一系列主题班会，逐步培养学生的行为习惯和思想意识，从而推动良好班风的形成。

班级管理是一种潜移默化和熏陶的过程，作为班级的直接、具体的管理者和领导者，班主任需要以身作则，通过直观和形象的教育方式，引导新生，同时激发学生的仿效心理，从而创造出良好的班风和学风，而学生则更容易接受这种教育。所以我认为班主任工作应注重发挥榜样示范作用，学生们将会从班主任的政治思想、道德品质、文化知识、民主意识、待人接物、气质风度、仪表语言及工作作风等多个方面汲取成长的养分。

因此，班主任如果要做好修身自律，应该怎么做呢？

首先，关爱学生。新生入学后，作为班主任，应尽快熟悉全班学生的基本情况，记住每位同学的名字，以增进学生对班主任的亲近感。在班级管理中，如果没有严格有效的制度作保证和引导，就不能形成良好的群体意识和行为规范，也难以培养出合格的人才。有时候，根据学科的特点，以英语为例，我们可以将每个学生的名字编成一篇英文串烧文，当学生们在分享中听到自己的名字，就会感受到老师的关注，同时也会在心理上对班主任产生尊敬和信赖。这样一来，我们就能够在短时间内建立起一种平等、信任的师生关系。对于单亲家庭的学生，我们更应该关心他们的生活，给予他们更多的爱心，从情感上贴近他们，从精神上支持他们，从学习上帮助他们，尽可能地给予他们来自班主任的温暖，以培养他们良好的心理素质和健全的性格，让他们不再感到孤独。

其次，用科学的方法严格管理学生。如今，随着独生子女数量的增加，以"自我"为中心的意识不断膨胀，周围的人往往表现出过度的溺爱而非严格的管教，对于那些意志薄弱的学生，如果采用强硬的手段进行教育，他们往往会感到难以承受，甚至可能会出现问题。在教育时需要注意方式，在面对他们的缺点和错误时，我们应该先让他们自行撰写详细的说明书，阐明他们当时的行为动机，以此引导他们认识到自己的错误所在，并促使他们进行自我反思，从而增强他们的自律意识和道德观念，以达到教育的目的。我认为，这种做法不失为一种好方法。在日常生活和学习中，抓住学生微小的错误不放松，则学生在面对重大错误时会由畏而思而停。我们还要定期进行公德教育，帮助学生正确认识自己与集体之间的关系，明确自己在班集体中的角色定位，培养他们对集体的荣誉感和责任感，树立整体意识，严格自律。

最后，经常口头询问、书面谈心，使师生之间亲如朋友。班主任亲切的问候，作业本上一两句鼓舞人心的评语，胜过许多空洞的教诲，学生就会愿意向老师表达自己的想法和感受。因此，我认为对孩子进行品德教育应采用疏导式的方法。只有付出真挚的情感，才能换回真正的情感；只有通过深入的理解和信任，班主任才能赢得学生的心。这也是教育成功的关键。

　　为了营造一个优美的小环境，必须高度重视班干部中的领袖人物，他们是引领整个团队前进的中坚力量。班干部在班级中不仅起着领导作用，而且还是学习、生活等方面的引领者。为了确保班级的良好运作，必须建立一支高素质、具备独立工作能力的干部团队。班干部在班级中起着承上启下的重要作用，它不仅关系到学生的成长、成才，而且关系到班级管理的好坏。因此，班主任应当精心挑选和培养班干部，让他们成为班级中的领袖人物，引领整个班级的发展。培养优秀的学生骨干是班级管理工作的重点，班主任应注意加强管理，确立其形象，善用其才华，充分发挥其功效；不断发掘并肯定他们在工作中所取得的成就，以激发他们的创造力，使他们感到自己是一个有用之才，从而产生一种荣誉感；抓紧他们的学业，给予他们充分的支持和帮助，让他们在相互比较中发掘不足之处，在相互学习中补充不足，在活动中不断提升自己的才干；同时，要注意对他们进行正确的思想教育，使他们明确自己是班集体建设的骨干力量，让他们引领着全班同学踏上学习和劳动的征程。那些具有高尚的思想品德、勤奋学习、广泛团结同学、热心为同学服务、具备责任感和一定工作能力、在同学中享有一定威望的学生干部，必将带领出一个积极向上、团结守纪的班集体。

　　要创造良好的小环境，还要重视班级个体成员的"细胞"作用。在一个班集体中，学生个体素质的好坏会影响到整个班级的健康状况。所以，抓好全体学生的思想教育，引导他们树立正确的人生观、价值观也是非常重要的。学生间良好的人际关系、健康向上的精神风貌，就决定了班级良好的班风和学风。学生个体间能彼此增进理解，互相尊重，即使有时发生了矛盾，也会从自身寻找原因，相忍相容，互补互利。另外，任课老师的形象也会影响学生的思想和情绪。如果师生间能相通相融，这种良好的气氛胜过任何教育技能。因此，班主任应协调好与任课老师的关系，让他们在这个集体中起到长短相济、整体互补的作用，达到师生的同频共振，从而提高教育效率，这也是一种艺术。

总之，中学德育工作应充分发挥班级小阵地的作用，只有创建一个个优良的班级小环境，才会有学校优良大环境的出现，才会促进校风校貌的好转。因此，班级德育小环境的建设至关重要。

三、班集体活动的重要性

王晓春先生在《做一个聪明的教师》一书中写道："一个真正优秀的教师，他会把主要精力放在设计教育情境上面，而不把主要希望寄托在自己的三寸不烂之舌上。"这句话深深启迪了我。我决定以班级活动为载体来开阔学生的视野，让学生从活动中去体会，去感悟，去成长。

当新一届的学生入校时，我们的班级文化建设就开始啦。虽然班主任是班级的管理者、引导者，但是学生是班级的主体，要学会参与自己的班级管理。班徽设计放心交给孩子们吧！经过大赛评选,最好的作品直接采纳使用,当亲手设计的班徽挂在墙上,佩戴在胸前,印在班旗上,还有什么能比这更令人惊喜和自豪的呢?

当课程设置中出现如何制作美食时,我就借机让班级现场来一次厨艺大比拼!有几位男生连漂亮的桌布都搬上了桌,味蕾和用餐体验一样都不能落下!

当孩子们对"自己为什么学习,怎样学才算好?"产生困惑时,我们又出现在电影院里,观看一部青春电影《零零后》,让孩子们看看当代学生谁的青春不迷茫?关键是如何克服心中的彷徨,走出属于自己的正确的成长之路!

当看到教室里的绿萝耷拉着叶子,垂头丧气地枯萎着,我就发起了"绿萝领养"活动,要求每个领养人要像爸爸妈妈一样呵护这些绿萝,还要给它们取个好听的名字。于是课间,楼道里各种摘枯叶的,修剪的,浇水的,贴名签的……孩子们将领养工作进行得有声有色,同时学会了责任与担当!

当家长抱怨孩子们除了读书,生活能力和进入社会生存都成问题时,我和家委会一起策划了"一元钱生存挑战"活动,从早晨到傍晚,从鲜花兜售到牛肉面馆端碗,让孩子们体验一下生活不易。要想生存,就要用知识好好武装头脑。

我们还安排了走近特殊儿童活动,一起为这些儿童提供心理援助。我们和这些孩子进行面对面、心连心的沟通。每一次搀扶,每一个拥抱,每一次捐赠,都是我们对这些特殊儿童切切实实的关爱。

三月雷锋日,我们来到了甘肃省荣誉军人休养所。点点关怀，深深敬意。

四月清明，我们前往烈士陵园举行祭扫活动。胸怀祖国，坚定信念。

五月端午节，做荷包、吃粽子、编彩绳，传统文化不能忘。

六月一日，七年级孩子们的最后一个儿童节，我们童心未泯。

年年中秋月相似，岁岁活动不相同。每个中秋都让孩子们难以忘怀。

学校的足球赛，我们激情飞扬，汗洒赛场。

学校的艺术节，我们致敬青春，勇往直前。

共同庆生让孩子们学会了珍惜。

优秀生表彰给孩子们树立了榜样。

初二收官之际，我借助家委会的力量，精心组织了素质拓展训练。孩子们拓展思维，锻炼体能，突破自我，积攒力量。很庆幸，我见证了孩子们的蜕变，也很欣喜，能够助力孩子成长，和家长形成合力，帮助孩子们进行品格塑造。

初三新年伊始，我们举办了"新年亲子联欢会"，为孩子们消除疲惫，加油打气！其实，每个新年，我们都过得与众不同。

疫情期间，班主任虽身居家中，但心却一刻不闲，因为我们深深懂得：放飞的是孩子，揪心的是老师。我们在不知不觉中，早已将自己爱学生的心贯穿于日常。于是每天早上，我都用"早安心语"唤醒每一个学生，用漂亮可爱的电子奖状去肯定那些宅在家里依旧自律的孩子。所以当春暖花开孩子们返校时，我看到的是一群笑容洋溢、元气满满的阳光少年。

疫情后归校第一天，我为孩子们准备了开学大礼包，充满仪式感的回归让孩子们对校园生活向往而期待，而老师和家长的寄语让孩子们心中满是感动。

为了提升家长实施家庭教育的能力和水平，形成家校共建、共育的强大合力，我们举行了"世界读书日"《傅雷家书》读书分享活动。

"家长讲堂"也是异彩纷呈。医生家长为孩子们讲授"中学生如何开展自救"；银行工作的家长为孩子们讲授"中学生如何理财？"书法社成员家长给孩子们讲解如何写好硬笔书法；在消防站工作的家长从专业角度带领学生认识消防器材、消防设施的正确使用方法，并请消防员演示如何施展救援，让学生们从方方面面认识消防安全的重要性。

班级管理常态就是抓日常，我将每周的班级综合素质考评（出勤、课堂纪律、作业上交、卫生值日、好人好事）都纳入考核，以分数形式呈现，进行奖惩。设置奖励卡和惩罚卡，奖励卡除了文具，还有各种食品饮料、蔬菜水果、免作业卡、心愿卡等；惩罚卡也换成了跳绳200个、上下楼3趟、校门口摆放共享单车、拖楼道一遍、陪张老师爬山……当奖励不再枯燥乏味、墨守成规，而是充满惊喜；当惩罚不伤及自尊，而是变成体育锻炼、班级劳动，参加社会公益活动……班主任的工作就会变得有趣而多姿多彩。

四、班级文化建设

班级文化是班级的一种风尚、一种文化传统，一种行为方式,是班级的思想、精神和灵魂。充满朝气的班级文化氛围,能使学生的身心得到发展,心态得到改善,情操得到陶冶,视野得到拓宽,灵魂得到净化,品位得到提升,也是学校办学理念能够落实、办学目标得以实现的坚实基础。

精神力系统

精神力系统包含以下内容。

1. 文化主题

学识与人文融合,个性与共性和谐。

结合"融合达成"这一我校文化主题,不断提高学生的思想道德品质、文化素养、优良习惯等自身素质,扎实推进中学生思想政治教育工作,构建以人为本、和谐发展、特色鲜明的班级文化,促进班风、学风、校风的不断进步,提升学校可持续发展的潜力。要求张扬个性,凝聚精神,符合班级实际,凸显班级特色,提升班级品位。

2. 班训

良心无愧,信心无畏;恒心无敌,青春无悔。

3. 班风学风严谨　奋勇拼搏　优雅大方　表里如一

文明守信　心胸宽广　尊师爱友　团结互助

自立自强　永不言弃

4. 班级公约

①热爱班级,尊敬师长,与同学友好相处;

②每天穿校服、校裤,不剪怪异发型,不化妆及佩戴饰物;

③不在校服上乱写乱画;

④不迟到，不旷课，不早退，及时请假；

⑤上课自觉守纪，认真听讲，积极动脑，及时做好笔记；

⑥认真完成作业，不抄袭；

⑦积极参加学校、班级的各种活动；

⑧不吸烟，不打架，不说脏话；

⑨遵守考场秩序，不作弊；

⑩不乱扔垃圾，不随地吐痰；

⑪节约水电，不浪费资源；

⑫爱护公物，不在桌椅板凳和墙面上乱涂乱画，如有损坏及时赔偿；

⑬集会时秩序井然，不嬉戏打闹；

⑭锻炼身体，培养身体素质，体育课不得无故请假；

⑮每天坚持认真做课间操（特殊情况除外）；

⑯认真搞卫生，做清洁时不得打闹嬉戏；

⑰放学及时离校，不在校园里长时间逗留。

5. 班主任寄语

态度决定一切，一切皆有可能。我希望你们永不言弃、奋勇拼搏。

执行力系统

（一）班主任专业文化建设

吐故纳新，学高为师，以身作则，身正为范，则学生"亲其师，信其道""不令而从"。教师，特别是班主任，应当在教学的各个环节、工作和生活中,展现出对生命的崇敬和对学生的热爱,表现出无私的心灵、高尚的风格和崇高的品质等人格魅力,通过言传身教的方式影响和带动学生的主动成长。教师的言行举止必须以潜移默化的方式影响学生,而教师的行为则应具备榜样和表率的作用;教师的价值观和思维方式,将在塑造学生的"三观"、精神品质和思维方式方面扮演着至关重要的角色。班主任更应更新教育观念,与时俱进。育人为本,德育为先;服务教育,服务学生,以至上的大爱(爱国、爱党、爱民族、爱教育、爱学生),至诚的心灵(爱心、信心、恒心、细心、耐心),至善至真的品质情致(健康、乐观、宽容、豁达、坚韧、丰富),民主亲和的态度(讨论、协商、合作、共进、和谐),利用巧妙的方式、适当的机会,滋润学生成长的心田。

(二)班风建设

1.班级思想文化建设

以社会主义核心价值体系为指导,引导学生成为中国特色社会主义共同理想的坚定信仰者,自觉践行社会主义荣辱观,积极促进校园和社会的和谐。通过不断加强学生的国家意识、班级意识和自强意识,引导他们树立正确的世界观、人生观、价值观,从而提升他们的综合素质和自我发展能力。主要体现在:班风、班训、班徽、班歌、班主任寄语等方面。(展现在教室醒目位置上)

2.班级制度文化建设

班级各项制度的建立、完善与创新是建构和谐班级、凝聚班级人心的根本保证。以《中学生守则》《中学生日常行为规范》

为模本,制定符合我班实际的《班级公约》,达到制度督行,严明纪律,学习有保障,思想自升华。(学生自律卡附后)

3. 班级班团(队)干部文化建设

除初始年级的首届班干部是在自荐基础上由班主任结合过去的档案评价指定外,此后每一届都采用竞选与民主投票相结合的方式进行选举。这种方法是为了使学生对学校管理产生认同感,增强集体荣誉感和责任感,提高班级凝聚力。尽可能增强学生的责任担当和锻炼机会,以提高他们的综合素质和自我发展能力。我将班务工作分为两个系列,其中,团(队)干部负责推进思想建设;班干部将分别承担学习建设、纪律建设、卫生、文化体育建设等方面的责任。各班根据自身特点,确定具体职责范围,并将其落实到每名同学身上。通过班主任的协调与学生干部的分工协作,形成一个有机的整体,这个整体具有高度的系统性和凝聚力。

4. 班级活动文化建设

制定学期活动计划,组织开展多种形式的教育实践活动,预防学生间拉帮结派现象的出现,促进学生综合素质特别是个性和谐发展,丰富学生课余文化生活;展开多样化的兴趣小组活动,策划丰富多彩的班级和团体主题活动,激发班级的活力,提升学生的思想境界;利用暑假时间,组织学生外出旅游、参观游览等各种丰富多彩的课外活动和社会活动;引导学生积极参与社会实践活动,使其融入社会生活,拓宽视野,思考人生,激发学习热情;在假日里,学生应当阅读一些优秀的书籍,并且积极地参与一些有益的活动。

（三）学风建设

1. 学习态度

"态度决定命运"，学生应该有正确的学习态度。上课认真听讲，做好笔记。摆正做作业的态度，作业是对所学知识的复习，不要把做作业当作完成任务，更不要抄袭。还有政治、历史、地理、生物等学科的学习，虽然不是主课，但学习这些知识是为将来步入社会打基础的。

学习还要有明确的目标，小到每次测试、每次竞赛；大到中考，甚至是未来的人生道路。只有有了目标，才会有攀登科学高峰的勇气和决心。目标如灯塔，引导学生积极参与、为之奋斗，直至实现。这是班级凝聚力、团结力、竞争力的重要源泉。

如果光有目标没有行动也不行，应该制定详细的学习计划。只有这样，才能充分利用时间，从而学得更多更好。

想要提高成绩，还要掌握正确的学习方法。如果自己很努力但成绩还是不理想，就要看看自己的学习方法是否正确。可以请教老师、家长，也可以请教学习好的同学，然后改进自己的学习方法。

2. 学生文化建设

班级文化的建设过程就是学生超越他们已有的文化，创造新文化的过程。要求学生：

①学会求知，侧重于培养：强烈的求知欲与终身学习的学习观念，发展自我与服务社会相结合的学习能力，有序、严谨、专注的学习习惯，自主、灵活、有针对性的学习方法。

②学会做事，侧重于培养：学以致用的能力，自信心与进取

精神，开发自身潜能的能力。

③学会共处，侧重于培养：关心与赞赏他人的能力，宽容精神与沟通的能力，责任感与合作的精神，终极关怀的精神。

④学会生活，侧重于培养：基本生活技能，健身的能力，爱生命的精神，自我提高生活品位的能力。

⑤学会做人，侧重于培养：诚实的精神与乐观积极的态度，正直与无私的精神，守时与守信的精神，良好的心理素质，自我认识与评价的能力，管理与经营生命的能力。进而改变学生的学习观念，变督促为督学，变接受为探究，变"要我学"为"我要学"，真正发挥学生学习的主体性。

⑥还可以建立班级档案（或"班志"），创设班级节日等。

3. 学科文化建设

建设班级学科文化的目的是：展示学科特色，培养科学素养。

①语文：渗入中国传统文化，弘扬民族精神，展现文化底蕴，培养学生的爱国精神、集体意识、民族责任感和自豪感、神圣的历史使命感。（学生办各种手抄报、书法比赛、写作比赛、朗诵演讲比赛、读名著比赛等）

②数学：探究符合时代特征、学生需求的数学文化，培养学生周密的逻辑推理思维、严谨的治学素养。（自我测评、自我提高）

③英语：以名人名言、格言警句、文化美文等引导学生打开对外之窗，放眼世界，开阔胸怀，了解世界，洋为中用。（可设演讲会、英语角）

④政史地：从生命尊重、（个人、民族、国家、人类）尊严

感、宽容精神、审美品质、生态环境意识、理性批判思维品质、辩证思维能力培养等方面去发挥学科文化建设的特长，引导学生树立正确的世界观、人生观、价值观。（可办手抄报、知识卡片、知识竞答等）

⑤理化生：以学科文化为视野探索合作、探究学习新方式，优化课堂氛围，创设情境，提高理化生的学习效果。培养学生细微处见品质、合作中显风格、实践出真知、探索生命历程等方面的素养。（可举行知识竞赛活动）

⑥艺术、体育等：借鉴、创新活动形式，以丰富多彩的欣赏、推荐、创作等活动培养学生的悟性、审美能力，充分发挥非智力因素在学生成长过程中的积极作用。有条件的学生可培养一技之长。（结合学校课外活动进行）

形象力系统

1. 班徽（附手画稿）

班徽简介：

班徽是由数字11为元素设计而成的一张灿烂的笑脸。笑脸上方是由英文字母组成的单词"CLASS"（班级）。其中"C"代表太阳，象征青春年少的我们有阳光般的热情和活力；"L"是一支画笔,意味着我们用手中的画笔描绘着我们美好的未来;"A"则是一个家,因为十一班就是一个永远团结的大家庭;最后的两个"S",是一对双翼,而这对有力的双翼承载着我们的梦想,带我们飞向更高、更美的天空!

整个图案以黑色为主,代表了我们班是一个沉稳、实干的班集体,有着严谨的治学态度和人生态度,而"CLASS"则以红黄蓝为主,是吉祥三色,代表和谐,也充分展示了我们的热情和为梦想拼搏的精神。

2. 班歌《我们十一班》(节奏感强,曲调欢快)

我们十一班快乐向上,我们十一班奋发图强

你尽一份心,我出一份力,让这个班级绚烂无比

班级的荣誉不是自己,班级的风光不是自己

离开这个班级脆弱无比,时刻都要记在心

我们十一班健康成长,我们十一班活泼开朗

你付出勤劳,我刻苦动脑,一起来学习天天向上

班级的荣誉不是自己,班级的风光不是自己

离开这个班级脆弱无比,时刻都要记在心

3. 班级环境

良好的教室环境是一个班集体建设的基本条件之一,也是教育教学工作能否顺利进行的前提和保证。学生们可以在优美的教室环境中享受到生活和学习的乐趣,同时也能消除学习后的疲惫情绪。更为重要的是,它有助于塑造学生正确的审美观念和高雅的情趣,熏陶学生的美好情操,激发学生对班级和学校的热爱之情,促进学生勇往直前的精神。教室的优美环境不仅能够激发班

级的向心力和凝聚力，更能够为班级营造令人心旷神怡的氛围。因此，一个班级需要搞好环境卫生，美化教室环境。实现墙面洁白无瑕，地面干净无死角，窗户明亮无污染，灯管音箱无灰尘，课桌摆放整齐有序，卫生工具摆放有序，窗台不乱堆放，教室整体布置优雅等。

4.班级园地文化建设

借用央视热播栏目正大综艺"墙来了"来设计班内文化环境。中考对学生而言是一堵"墙"，学习压力也是"墙"，不会与人相处更是"墙"。我们要努力创造条件，"穿墙而过，越墙而过"。

①目标墙：根据班级实际情况分近期目标、学期目标、学年目标乃至三年目标等。要求学生制定明确目标，张贴在目标墙内，见"墙"而知目标。（设计于教室后黑板的右侧）

②荣誉墙：将班级以及个人的各种荣誉公布在光荣榜里，让整个班级时时充满自信。（设计于教室后黑板的左侧）

③智慧墙：精选出与各学科有关的知识内容粘贴在墙上，创造好的学习环境。（设计于教室墙壁的左侧）

④艺术墙：张贴各种优秀的作业、绘画作品、书法作品等，让我们感受艺术的美。（设计于教室墙壁的右侧）

注：所有墙面内容定期更换。用好"班级宣传栏"，主要用于张贴班级公约、班主任寄语、课程表、班级之星及班内各项工作安排表等内容。

⑤教室前张贴班训。要求能够体现班级特色、个性。

⑥教室后正中张贴班徽（手画稿），两侧张贴班级奖状。

⑦后墙设计黑板报。板报作为班级内部环境的重要组成部

分，不仅能够为学生提供知识的熏陶，同时也能够促进培养学生的实践能力。板报应当注入新的元素，定期更新，并根据学生的年龄特征进行调整；同时应体现出时代要求和教育教学目标，具有一定的艺术性。我们致力于以简洁、明快、时代感为特点，将学科、时事政治和社会生活有机结合，引导学生走向社会，以独特的视角审视社会。教师也可根据不同时期学生的心理特点，设计形式多样的黑板报，以激发学生的学习兴趣。通过创新的板报设计，为培养学生的观察和探索精神提供了优越的条件。

附：

学生自律卡

姓名	
最激励自己的一句话	
本学期要实现的目标	
班级公约	
学生生活标准 1.做人有诚　2.学习有术　3.待人有礼　4.作息有谱　5.人生有标 6.交往有度　7.努力有韧　8.决心有足　9.信心有恒　10.进步有数 学生日常行为规范 1.平时遇师先问好　2.课堂求问先让座　3.楼道见宾先让路 4.班级劳动先动手　5.他人帮忙先道谢　6.失礼他人先认错 7.学习计划先制定　8.上课之前先准备　9.课后作业先完成 10.做人道理先于前 学生一日常规 1.待人无鲁　2.室内无痰　3.地面无纸　4.入楼无喧　5.楼道无滞 6.他财无贪　7.生活无侈　8.安全无险　9.自习无声　10.学习无满	

续表

班级公约承诺
愿意规范自己的行为，锤炼坚强的意志，提高自身的修养，尽力做最好的自己，创最好的集体，共建一个和谐温暖的大家庭。请各位同学和老师监督，若有违反，甘愿受老师的批评、惩罚！

五、主题班会

主题班会是我们班主任对学生进行各方面教育的主阵地，如何利用好这个主阵地，达到教育学生，让学生学会做人、提高综合素质的目的，这是班主任在进行主题班会时必须要仔细考虑、精心设计的。

为此，在每一次主题班会前，班主任一定要思考，这节主题班会的主题是什么，要设计什么样的教育教学活动，以求达到怎样的教育效果，真正促进学生成人、成才。

比如我召开过一次以"爱心在身边——凡人善举"为主题的主题班会，我想通过这个主题让学生能了解一些平凡人的事迹，并以此拓展到他们身边出现的凡人善举，进而让他们思考自己能为身边的人做些什么事，以便每个学生都能成为有爱心、懂得给予爱的人。如何让这个主题班会开得更有意义，让学生更愿意参与？为此，我设计了以下活动。

首先，为了防止学生只知道上课、写作业，对社会上的感动中国的人物一无所知，我让每位学生利用各种资源了解感动中国的人及事迹，作为这节主题班会的前置作业；同时，主持的班长要负责制作PPT，班主任将本次班会步骤与班长商议好并由他负责组织，我参与并协助。班会课一开始，班长播放了白芳礼老师的事迹，这个普通人的感人事迹一下子让学生进入了我希望达到的氛围里。接着，小组讨论、交流他们所准备好的感动中国的人和事，随后每组派一个学生说出他们认为的最感动人的凡人善举。接着，我问学生："你知道在我们身边发生的凡人善举吗？"学生立刻一个个地列举出我们班的学生所做的凡人善举。比如：徐强和王博在本学期一直坚持接送脚骨折的魏立勋上下学，家长非常感激；潘毅峰经常自觉打扫班级的卫生；刘宇洋帮助因生病而耽误学习的学生补课等。学生所列举的事迹得到大家的认可和掌声。本节课的高潮部分是：我让学生每人拿出一张纸，无记名地写出他们能为身边的人做什么。收上来后，班长念一张，学生猜这是谁写的，能否做到，进行表决。学生一下子兴趣高涨，非常踊跃地参加。学生们写了很多小事，如：我每天坚持为妈妈倒杯水；我坚持每天擦班上的门；XXX家里条件不太好，我会把我的好吃的给她；我想每天为贫困地区的儿童存一毛钱，以便帮助他们；我会帮老师给成绩差的学生补课等。学生写得很朴实。在班会结束时，我进行了简短的总结：我们虽是普通人，但我们每个人都可以通过做平凡的小事、善事，让自己的心灵得到升华，让这个世界变得更美好。

这次主题班会后，我反思了很多，我觉得作为老师和班主任，我们所肩负的任务不仅仅是给学生传授知识，更主要的是怎样教育好学生做人、成才。诚然，社会上还有很多不令人满意的地方，作为班主任，我要多给学生灌输积极、正能量的东西，让学生的心里充满真、善、美。就像那些感动中国的人和他们的事迹，如果没有这次主题班会，也许学生根本就没有留意过。但是，通过这次主题班会，他们了解了很多感动中国的人和事迹，心灵受到了震撼，并以此让他们去发现自己周围的凡人善举，最后再反思自己能为周围的人做些什么。也许他们做不出什么惊天动地的大事，但是，如果他们能坚持从小事做起，去帮助父母、同学、周围熟悉的人或不熟悉的人，我觉得这就是非常好的事，那么我的教育就是成功的。我们所培养的学生一定会是懂得感恩、懂得回馈社会的健康、阳光的人，会为社会做有益之事的人。

因此，我觉得我们的确应该多举办这样有益于学生成长的有效的主题班会，达到育人的目的，这是我们的职责所在。

组织班会理念

（一）什么是班会

在学校的集体活动中，班会扮演着至关重要的角色，它是组织活动的核心，在班主任的引领下，或由学生自发组织，以班级为单位，以一个或多个主题为中心，开展针对全班学生的教育活动。

班会作为一项重要的教育活动，旨在向学生灌输思想教育和日常行为规范，同时也是学生自我教育的重要途径。在新时期，如何做好班级管理工作呢？优秀的主题班会是班主任开展德育工作的重要平台，它有助于塑造良好的班集体，促进学生健康成长。

那如何上好一节主题班会课呢？

在这里我们要遵循三"心"原则：主题选择要走心、流程设计要用心、工作落实要细心。

关于选题，我们要了解什么是"主题"。所谓主题，就是班会的中心议题。好的主题，能震撼学生的心灵，具有感召力；能激发学生的热情，具有启发性。选好主题才能开好班会。

上好一节班会课，可以从以下几个方面着手。

第一，主题要有针对性。无论是学校的整体规划还是根据实际情况所确定的主题，都必须设立明确的教育目标，必须明确需要解决的问题。为了提高班会的针对性，班主任需要仔细观察学生的思想动态，深入了解他们的思想热点和盲点，及时分析学生近期存在的倾向性问题，并准确归因，必要时可以采用学生座谈、调查问卷等形式，收集整理学生的真实信息，准确把握班级存在的问题和学生的需求，以便对症下药，寻找解决问题的方法，借助主题班会课，找到教育的突破口，做好学生的思想教育工作。

班主任应当有意识地将班会课的主题与学生生活紧密结合，将教育内容深入到学生的日常生活中，选择与学生共同关心的话题，以激发每个学生的参与热情和积极性，让他们都能够畅所欲言，感受到自己的内心世界。

第二，主题要有时效性。选定主题，根据时令要结合学生的成长特点进行选择。例如在新学期开学之初，处于入学教育阶段时，可以结合军训活动，选定《行为规范，成才之基》为主题，进行新生行为规范教育；再比如考试之前，可以开展以《诚信立身，踏实学风》为主题的诚信教育班会；针对绝大部分学生不会合理分配时间、学习效率低等问题，可召开《时间管理技巧》的主题班会课；新年过后，发现班中的同学有了大把的零用钱之后，花钱请客的现象增多，就可以组织同学调查、讨论，召开《合理使用零花钱》的主题教育课；同学之间有了矛盾，处理完毕可以马上召开《如何处理同学之间的关系》的主题班会；八年级可以召开以"男女生正常交往"为主题的班会；九年级可以召开励志主题的班会；等等。

班会课的内容虽然非常广泛，但归纳起来可以分为：教育性班会（爱国、诚信）、节日性班会（端午节、中秋节）、知识趣味性班会（垃圾分类）、问题解决性班会（同学相处）、经验交流会等。班主任要因地因时制宜，选择相应的内容。

总之，要善于发现并把握有利的因素，使主题班会的内容更切合学生当时的心理。

无论是针对性还是时效性，班会课主题的确立都必须满足学生的心理需求。学生的学习、生活中处处蕴藏着教育的契机。班主任在开展教育活动的过程中，首先要了解学生的心理需求，要知道他们渴望得到什么，是学习方法的指导、同学交往方面的指导，还是关于人生目标的确立等方面的内容，班主任都应做充分的了解。只有这样，教育才能更贴近学生，才会有明显的效果。

第三，主题要以小见大。主题的拟定要尽量避免"假大空"，力求从小处着眼，在一个点上进行深化，然后基于落实突破的点进行发散或延伸，进而反映更为丰富的内涵。若主题定得太大，班会课程精力分散，不足以达到"形成一个共识、产生一点共鸣、确定一个方案"的效果。例如为培养学生良好的学习习惯，可以以《用计划提高效率》为主题,仅围绕如何养成每天制定学习计划的习惯来开展班会。

主题确立时尽量注意:

①主题小一点。大处着眼,小处着手,以小见大,从学生生活中的一些小事或普遍现象中去挖掘反映出的问题或所蕴含的道理,不要去抓琐碎而无典型意义的事,也要防止大道理连篇——空对空。

②主题近一点。即贴近学生,根据不同年龄段学生的心理特点,富有针对性地设计贴近他们年龄特点的主题活动,务本求实,针对实际问题,注重行为指导。

③主题新一点。传统教育已经不能满足当今所提倡的素质教育的要求,我们要进行主题的创新拓展,从爱国主义、集体主义、文明礼仪教育等传统"常规"教育中拓展主题,加强心理健康教育、挫折教育、网络教育、生命安全教育等新的教育主题。

(二)用心设计班会过程

成功的班会离不开充实、精彩的班会过程。不论是主题引入、主题解读、主题探讨、形成结论、达成共识,还是班会结题,都需要精心设计。

第一,班会设计要班主任亲自把关。班会的策划并非必须由班主任亲力亲为,但最终的方案必须经过班主任的审核才能实施。在审核过程中,班主任必须严格遵守思维模式、流程规范以及言辞表达等方面的要求。其中,思想关是最重要的一环,因为它关系着整个班级活动能否顺利开展。在班会中,所选事例内容、讨论话题等必须与班会主题相契合,以符合当代中学生的价值观、人生观等要求,这就是所谓的"思想关"。所谓流程关,即班会议题设置上要有一个清晰的思路和方向。班会的各个环节必须遵循有序展开、衔接得当的流程关,既可以采用循序渐进、层层深入的方式,也可以直面主题、就事论事,以确保班会顺利进行。同时还要注意时间安排、活动方式、组织形式及注意事项等细节问题。在班会主持词的编写过程中,语言的选择是一个至关重要的环节,要确保每一个环节都能够达到最佳效果。开讲前对班会进行必要的准备和精心布置。通过出色的主持,不仅能够确保班会主题内容的流畅呈现,同时也能巧妙地激发学生的情感共鸣,从而提升班会的品质和水准。

第二,班会过程要体现学生主体。为了提高学生的参与度,在班会的各个环节中,应当采用多样化的形式,包括但不限于小品、话剧表演、经典视频、文章赏析,以及讨论和辩论等多种形式。这些都能调动学生参与的积极性,从而使他们产生强烈的情感共鸣。通过采用多种形式的转换,不仅能够更好地吸引学生的注意力,同时也为学生提供了更多的思考和表达机会。此外,还要注重引导学生积极发言,使他们能够真正成为班会课上的主人。为了确保班会的感染力,必须以学生为中心,鼓励他们积极参与各个活动环节,发表自己的见解和想法。

为了确保主题班会课的顺利进行,班主任需要全身心地参与其中,包括主题的确立、内容形式的选择、方案的设计、氛围的营造、主持稿的揣摩以及总结语的提炼等方面。班主任不能简单地将全部任务交给学生,也不能采取一揽子全包的方式,而是应该充分发挥班集体的智慧,让学生自主参与,发挥他们的主体作用。主题班会要以学生为本,突出学生的主体地位,发挥他们的主动性、积极性。为了确保主题班会的顺利进行,必须精心挑选主持人,并动员同学们积极查阅、收集相关资料,做好相关文字内容的准备工作,同时还可以布置一些小任务来吸引学生参与,如制作一个"我爱我家"的主题活动,或者是组织一次与父母有关的家访等。为了培养学生的责任心和参与意识,避免在关键时刻出现惊慌失措的情况,我们必须做好充分的准备。

但要注意的是:主题班会课需要准备,但不需要精心准备。精心准备会破坏德育应有的现场感动、即时震撼,对德育而言,它越自然、越原生态,就越具有生命力。

(三)用行动落实巩固班会成果

在主题班会活动的过程中,学生的观点有时呈现出多样性,既有积极的,也有消极的,甚至存在分歧,而有些发言也比较片面。因为学生的年龄、知识和认知水平的限制,他们常常只能观察到事物的表象,而无法深刻理解其本质;有些言辞流露出明显的个人情感色彩,却缺乏基于理性的分析和判断。这些都是导致班会课流于形式、效果不佳的主要因素之一。在此情形下,班主任应当运用归纳总结的方式,激发、引导和指导学生,使其及时领悟事物的本质,领悟召开班会的目的,领悟到未来的奋斗方向。因此,要善于抓住时机组织好每一次班会,把它作为培养学生良好品质和行为习惯的有效手段,并以此为契机不断地对学生进行自我教育。只有这样,才能促使学生身心健康得到全面发展,养成良好的生活习惯,以及塑造健全的人格。

为了巩固班会成果,班主任需要实施有效的教育追踪措施。

为了确保主题班会具有真正的教育意义,必须在最后一个阶段深入挖掘主题内涵并巩固所取得的成果。只有把每个同学都变成"我"的一部分,才能达到预期效果。学生不应该在口头表态后仍然自行其是,而是应该将这种成果转化为实际行动,在实践中得到落实。因此,我们要把主题班会作为班级工作的一项重要内容来抓。在主题班会活动结束后,需要进行一项名为"追踪教育"的活动,以便及时获取学生中的信息反馈,抓住学生思想情感方面的变化,并进一步引导学生班会后能实际行动起来,从而推动其升华。所谓追踪教育,就是把班级里每一位学生作为观察对象,从不同侧面、不同角度来考察他们的成长。我们的目标是在每一次活动结束后,让学生们的内心深处留下一份珍贵的记忆,并在实际行动上有所升华反馈。

"我长大了"系列主题班会

开学以来,在每次交给我的周记当中,孩子们大部分记录的都是小学生活的种种,怀念朋友、老师和那种无忧无虑的生活,以及对中学生活的忐忑不安。这些现象应该客观地从心理和学习两方面分析。心理方面,从一个熟悉的环境进入一个完全陌生的环境——新学校、新同学、新老师,大部分初一新生都会产生紧张、焦虑的情绪,尤其是一些心理素质差、新环境适应能力差、过分追求完美的学生,往往是"开学恐惧症"的易发群体。这些学生会表现出"恋旧""对抗""消极"等不良情绪。

因此在开学一个月后我们召开了"我长大了"系列主题班会之学生篇——我的新学校,新朋友,新变化。

班会准备：

五人为一小组，可用手抄报、PPT、小视频来展示我们的学校。每人准备一段新朋友的介绍短文以及自己与小学相比各方面的变化（可以是身高、体重、外貌、性格、爱好等方面的变化，至少说出一点来）。

班会过程：

"新学校介绍"环节由班长组织。第一小组的介绍是由照片展开的："我们的学校到处都有文化艺术的气息，我们教学楼每层都有不同的主题，都有与主题匹配的特色布置，让我们课间也能增长知识、开阔眼界。我们每层楼还放置有不同的乐器供同学们课间使用，还有……"一幅幅照片把学校展示得淋漓尽致，甚至有些细微之处是我这个在这里工作多年的老师都没有注意到的。第四小组制作了一段视频，有他们小组在足球场上奔跑的样子，有在排球场练习的场景……通过九个小组不同的展示，每个孩子对我们的学校更加地了解，并且更为我们生活在这样一个温馨美丽的学校感到骄傲。这样既减少了孩子们对学校的陌生感，也增加了对学校的感情，为日后爱护学校环境做好了铺垫。

"新朋友介绍"环节由文体委员主持。起初大家都不好意思发言，我主动给大家讲了一段我刚进入中学时代时是如何结交第一个好朋友的故事，并且到现在为止我们成了最好的闺蜜，友谊经过了时间、空间、误会、矛盾等的考验，现在已经坚不可摧啦！当大家听到"中学时期的友谊是最难忘的"这句话时，教室里有了微妙的变化。第一位发言的同学说,她来到中学结交的第一个新朋友是张婕,因为第一节课上老师提问,她太紧张了,大脑一片空白,而同桌张婕悄悄告诉了她答案,没有让她陷入尴尬。接下来的日子里她发现张婕有很多优点,而且她觉得她俩有很多的共同点。一个个同学都主动说了来到中学遇到的种种,以及如何结交到新朋友的经历。经过这个环节,同学之间的了解加深了,而且发现了彼此更多的闪光点,凝聚力也无形中加强了。在后来的周记中,很多同学都在说:"虽然小学时光难以忘怀,但中学里发现了更多需要珍惜的友情。好朋友应当携手一起走在路上!"

"新变化"环节由学习委员主持。她首先介绍了自己来到中学的一些变化。例如,她说自己长高了3厘米,与小学时相比,胆子大了,也更爱看书了。但是她也发现自己上课时比以前爱说话了,还希望大家帮助她改正缺点,做好学习委员的工作。诸如此类,很多学生都谈了自己的变化,有好的也有坏的。面对大家坦诚的发言,我告诉大家:"长大了的标志之一就是能时常去观察自己,发现自己的变化,并及时调整方向。今天看到大家如此诚实认真地面对自己,老师感到很开心,说明我的徒儿们长大了,你们已经能勇敢地面对自己的变化了,也相信大家能在日后的学习生活当中,发现自己更多的优点,即便有了缺点,也能有改正的勇气!"

而以上环节让学生对新学校、新朋友、新变化有所了解,接下来在学习方面,也要做好相应的准备,小学时主要学科只有两三门,中学一下子增加到八九门,学习内容增加了,学习难度也提高了。有的孩子不能合理地安排学习时间,就显得手忙脚乱,应接不暇,成绩直线下滑。小学老师课堂语言亲切有加,鼓励性的话语较多,而中学老师的话语少了呵护,有时甚至比较严厉。有的孩子会出现抵触心理,不喜欢哪个老师就不想学习这门学科的现象也时有发生。针对这一问题,我们开展了"我长大了"系列主题班会之学习篇——我是学习小能手。

班会准备:

配乐诗朗诵《时间》,表演者:第一小组

情景故事《英语课上》,表演者:第二、第三小组

小品《放学回家》,表演者:第四小组

经验交流《我的学习习惯》,发言人:何雯(学习委员)

歌曲《我相信》,全体同学

班会过程:

讲故事:开学第一天,古希腊大哲学家苏格拉底对学生们说:"今天咱们只学一件最简单也是最容易做的事儿。每人把胳膊尽量往前甩,然后再尽量往后甩。"说着,苏格拉底示范了一遍。"从今天开始,每天做300下。大家能做到吗?"

学生们都笑了。这么简单的事,有什么做不到的?过了一个月,苏格拉底问学生们:"每天甩手300下,哪些同学坚持了?"有90%的同学骄傲地举起了手。

又过了一个月,苏格拉底又问。这回,坚持下来的学生只剩下八成。

一年过后,苏格拉底再一次问大家:"请告诉我,最简单的甩手运动,还有哪几位同学坚持了?"这时,整个教室里,只有一人举起了手。这个学生就是后来成为另一位古希腊大哲学家的柏拉图。

启示:世间最容易的事是坚持,最难的事也是坚持。说它容易,是因为只要愿意做,人人能做到;说它难,是因为真正能做到的,终究只是少数人。

"成功在于坚持。"这是一个并不神秘的秘诀。我们中有很多同学从小学起就制定了很多的学习计划,可是能坚持的人少之又少。上了中学后我们要学会制定合理的学习计划,然后就是坚持。那么我们应如何制定合理的学习计划呢?我们先看看大家准备好的节目吧。

表演:第一个登场的是情景剧《英语课上》。孩子们的表演风趣幽默,情景剧取材于他们身边的课堂种种,展开讨论时,大家都提到了课堂听讲的重要性。《放学回家后》反映出了不同孩子回到家中的各种不同表现,然后反馈到第二天上课状态以及考试成绩的不同。诗朗诵让同学们感受到时光匆匆,不容浪费。

经验介绍:何雯同学的学习经验。

1.慢鸟要先飞。

2.学会利用零散时间。

3.把休息娱乐作为给自己的奖赏。

4.要勤奋更要重效率,要劳逸结合,学会暂时放下。

5.要把功课一科一科地完成。学习最大的忌讳是哪科都做了,但哪科都没有收获,就像看书一样,不在于一天看得很多，而在于书上的内容你是否真的记住了，理解了；学习不在于你一节课学习了几科，而在于你每学一科，是否有收获。所以同学们要一科一科把功课认真完成，而不要学着这科想着那科。

6.不做浪费时间、消磨意志的事。

结束语：歌曲《我相信》，让每个人对未来、对自己都充满了信心，让我们的班集体充满正能量。

班级凝聚力是无形的力量，它影响着集体成员，使他们向着更高的目标前进。一个具有强大凝聚力的班集体，一定是一个处处洋溢着关爱、充满生机与活力的优秀班集体。班级凝聚力要靠全体同学的团结与奉献，每个人应当在平时的学习生活中用自己的实际行动自觉地维护班级的荣誉，这样我们每个人都会成为受益者。

针对来自不同的小学而聚集在一起的新班级，如何让学生感受到班级团结的重要性，成为以下这节班会课的主题。

"1+1>2"主题班会

良好和谐的班集体氛围不仅能够加强学生的学习动力，而且能够有效地提高学习效率。一个班集体良好氛围的营造需要全班同学齐心协力，而其最基本的体现就是同学们能够共同遵纪守律，团结友爱，互帮互助。然而初中生正处于青春期，身体正值发育，同时想法日益增多，很多时候他们的想法并不成熟，以至于出现了叛逆的行为表现，不仅与教师、家长难以沟通，与身边的同龄人也出现了很多的人际交流沟通问题。我们有必要加强对学生团结精神的教育，而事实证明，学生都深知团结一致、互助友爱的重要性，只是并没有深刻理解如何做才是"团结合作"的表现，缺乏与人协商、交流和合作的技巧。本次班会筹备以别开生面的形式来举办，为学生们提供一个活动的舞台，以期能够通过让学生参与活动，亲手去做，亲身感受合作与协商的魅力，从而认识团结互助的重要性，并习得一些合作的技巧。

班会主题：1+1>2

背景分析：

我现在所带班级共有学生53人，其中男生28人，女生25人。孩子们分别来自八所不同的小学，生源广，差异大，团队意识不足；这一届孩子经历了三年疫情，上了很长一段时间的网课，因此规则意识淡薄，班级学习氛围不浓，且孩子们习惯以自我为中心，不懂合作与团结，集体荣誉感较差。有些学生渴望与人交朋友，和别人一起做事情，却因不知怎样与人合作而烦恼。

班会目标：

认知目标： 学生在活动中更好地了解班内每位同学、体会团结合作的力量，逐层深入理解团结的意义、认识团结互助的重要性。

情感目标： 在活动中感受群体合作带来的乐趣，潜移默化地培育孩子们互帮互助、团结合作的精神。增强学生的合作意识，增强班级凝聚力，培养积极向上的班风。

行为目标： 在活动中感悟与人合作的方法及快乐，学会用友好的方法处理事情，学会与人合作。在今后的学习和生活中多参与合作，多与人合作，在合作中提高自己。

班会准备：

学生准备：

1.主持词

2.辩论稿

3.游戏素材

4.排练节目

教师准备：

1.准备班会活动中需要用到的音乐、视频、PPT等多媒体资源。

2.策划班会现场学生分组方法，安排教室布置以及各物资的安放。

班会过程：

环节一：动画导入，感知合作

主持人由班会主题抛出问题，引导学生思考。

主持人1：×××，我们今天的班会主题是"1+1>2"，你知道这是什么含义吗？

主持人2：我还正想呢，1+1不是=2吗？为什么会>2呢？

主持人1：那咱们先和同学们一起看个视频吧。

学生在观看动画过程中产生共鸣，主持人继续引导学生思考。

贾：我刚才听到有同学在看的过程中说 group、team，你们为什么会想到这些词汇呢？

同学回答：……（此处略）

主持人1：嗯，我刚才也想到了。同学们，今天，让我们一起来探寻为什么1+1>2？

主持人1：首先，我们来讨论讨论"取经团队中需要沙僧吗？"

设计意图：

通过动画视频引起学生注意，让学生在看中思考，在看中感悟，体会团结互助的力量。因为视频中三次出现"group"这个词汇，学生肯定会对这个词有深刻的印象。"team"这个词汇是"group"的同义词，作为英语班主任，我判断一定会有学生提及这个词，即便没有学生说到，也没关系，主持人会见机行事，逐步引导。这两个词都有团队的含义，学生回答应该会围绕这个主题展开，这也是本视频选择的依据。视频体现的就是互助合作，战胜困难。

视频播放结束后，主持人依据同学们在观看视频时所说的看法，再以事实为依据进行主持词的调整。通过问答方式，引导学生思考团队是什么，合作会有怎样的效果，让学生初步感知合作。

环节二：开场辩论，认识合作

辩论主题：取经团队中需要沙僧吗？

孩子们分为正反两方，围绕"取经团队中需要沙僧吗？"这一主题进行了激烈辩论，最后得出结论"取经团队中需要沙僧"。班主任总结引导："取经团队中的每个成员彼此互补，他们共同协作，缺一不可。在一个班级中，每位同学都是班级的一分子，我们不能抛弃谁，也不能冷落谁，我们要做的是发挥每个同学的优势，互帮互助，共同进步。"

设计意图：

通过"取经团队中需要沙僧吗？"这一主题辩论，让学生们认识"合作"这一概念并对此有一个实实在在的感受。取经团队中的每个成员都有自己的作用，缺一不可，他们彼此互补，共同协作，才能够取得真经，由此引导学生思考自己的班集体，认识到每位同学也都是班级的一分子，不能抛弃谁，也不能冷落谁，要发挥每个同学的优势，互帮互助，共同进步，才能打造一个优秀的团队，成就一个成功的集体。

环节三：游戏体验，感受合作

"需要他"小游戏（蒙眼作画）

主持人宣布游戏规则，全体同学共同参与。第一个游戏要求所有人闭着眼睛在纸上画草莓。然后两人一组，一位同学指导另一位同学闭着眼睛画一颗草莓。

设计意图：

第一个游戏是要依靠个人力量完成的，但由于是闭眼作画，所以难度会比较大，画出来的都不会太好看。但第二个游戏需要两人一组，其中一位同学指导，另一位同学闭着眼睛画，在同伴的指挥下，提笔落笔的位置就会更准确，画出来的草莓一定会更好看。通过这两个小游戏，学生们一定会对"合作"有深刻的感受。

环节四：团体竞赛，实施合作

"需要他们"小竞赛（你划我猜）

学生以小组为单位，组内成员每人轮流一次，根据表演来猜答案。表演者为各组其他全部成员，用肢体语言或其他方式表演一个词语所表达的含义，不能描述某个字的读音或写法，不能出现词语中的同音字及外语翻译；其他组成员不能提醒，提醒过的题目自动作废。

设计意图：

你比划我来猜是一个团体游戏，需要大家集思广益，协同合作，才能在最短的时间内完成任务，这恰好能让孩子们在合作的过程中感受到集体的力量，也能够学会一些与人沟通、合作的技巧。

环节五：回忆过去，受益合作

看看我们的石榴园

学生观看同学制作的视频。视频分为两部分：第一部分是展示全班每一位同学的照片，这些照片最后组成数字"16"；第二部分展示石榴园的石榴籽长大了的情景，随后展示学生七年级一年来的成长历程和获奖照片。

设计意图：

我们是一个团结的集体。七年级一年的时间里，每个孩子都经历了成长，收获了喜悦，这都得益于合作与团结。通过视频回忆，目的是要让孩子们感受到集体的温暖和他们在集体中获得的成功，激发他们对集体的认同感，增强班级凝聚力。

环节六：老师寄语，话说合作

"孩子们，团结是一种集体合作和相互支持的状态，需要我们用真诚去面对集体中的每一个人，让每个人感受到心灵的温暖，正如咱们的石榴园！在数十亿的人海中，人与人之间的相遇，珍贵又难得。我始终相信每一场相遇都是隔着茫茫人海，带着温柔奔赴而来的，比如我遇上正值花季的你们。十几岁的夏天，石榴籽的汗水伴着笑容藏进书本里；十几岁的夏天，石榴籽们奔走在阳光下忙着学习；十几岁的夏天，石榴籽穿梭在学校的各个角落，在一声声蝉鸣中，聊着梦想。这一天，阳光正好，微风不躁。愿我们一起，一起慢慢成长，一起越来越好！"

设计意图：

班主任总结，通俗易懂地告知孩子们"团结"的定义。带领孩子们感受班集体的温暖，感受爱与被爱，进行情感升华。孩子们会对未来的集体生活充满期待与向往，在今后的学习生活中学会与人合作，乐于与他人合作，进行良好的合作，慢慢成长。

班会后延伸教育活动：

为了让1+1>2的效果达到最大化，我班着手从以下几个方面进行后续的延伸教育活动。

1.让学生写下班会反思。没有让学生主动反思的班会，开班会时只是一时的热闹，不能进入学生内心。所以，凡是开班会，我必会要求学生以简短的文字，写下自己的感受。哪怕只有百十来字，只要是学生真实的想法就好；哪怕只是重复班会上的观点和说法，也是在强化班会教育的内容。只有及时地反馈，班主任才知道实际的教育效果，后续的教育才更有层次，更有方向，更有侧重。

2. 分成学习小组，各组制定组名，选举组长，设立小组目标，组内成员互助合作，共同进步，以小组为单位进行量化考核，组"荣"我"荣"。

3. 多举行一些以小组为单位、合作性质的语言类活动，讨论、续讲故事、小演讲、读书分享等，锻炼孩子们的口头表达能力和与他人合作的能力。

班会反思：

本次班会之所以以"团结"为主题，是因为我现在所带班级共有学生53人，其中男生28人，女生25人。开学初，我在做学生调查时，关于"你觉得什么样的班级是理想的？"一题中，37名学生都提到了"团结"一词。我也觉得在新建立的班集体中，有必要开展以"团结"为主题的集体教育活动。上个月，学生之间还发生了一起冲突事件，我想到，是应该给学生进行一次以"团结"为主题的班会了。当然，其中还细分为"合作""分工""责任"等不同的子话题。

我一向反对说教式的教育形式，而主张以学生体验式为集体班会的主要形式。迟希新教授在《有效班会十讲》一书关于"主题班会的问题'症候'"中指出了"单向灌输"这一教育形式的弊端："班会结束时，同学们似乎认同了老师的观点，接受了主持人的要求和倡议，但整个过程却缺少了学生的参与热情和活动兴趣，致使主题班会变成了单向的灌输和主持人的独角戏。"迟教授还指出,"我们要从观念上彻底摒弃道德'灌输',真正体现德育过程的主体性""德育过程的主体是学生,只有调动学生对德育活动过程的兴趣,激发他们的内在动机,才能使学校的德育过程成为外在价值引领与学生价值自我建构的统一,实现德育过程从他律到自律的实质性转变。"苏霍姆林斯基也说过:"没有活动就没有教育。"为此,在准备此班会过程中,我查阅了《学生心理游戏270例》一书,选择了一些易于在教室开展、不用更多物品准备的团队游戏,作为班会的重要环节进行设计。毕竟,七年级的学生心理模式还趋向于更生动、活跃的游戏方式,仅仅是讲道理、说故事的教育也可能有一定效果,但通过自身体验会更深刻一些。

　　最初的设计是我自己的思路,选主持人时,我有个中意的女生人选,之后跟她商量,确定了男主持人选。他们俩,一个比较有激情,另一个比较稳重。两人的配合既能调动气氛,也能控制纪律。在整节班会设计过程中,对我来说最难的是流程的连贯性,我总是想如何衔接会更好。还有一个难点就是游戏的设计。无论处于哪个阶段的学生都喜欢游戏,但游戏必须符合年龄阶段性、主题及活动场所。我自己想了几个游戏,在网上也选出了几个。游戏本身都很好,但总是难以同时符合三个要求。后来,跟两位主持人沟通,相互整合后最终确定了两个游戏。最后还剩下课件的制作,我一直认为课件制作和教案设计是一样重要的。在制作课件的过程中,我脑海里会不断地想着教案的内容,以及使用课件上课的情形，这样有利于教案的最终整合，明确上课的思路。

最开始在准备过程中，我完全放手让学生去做辩论组，我只是给出了议题，选定了人选，就让他们自己去准备了。两位主持人的主持词也是他们自己写的，但是在我们第一次沟通的时候，我发现主持词和辩论词都出现了这样那样的问题，又拿来由我做了进一步的修改。班级视频的制作交给了我们班一名多媒体高手，但是在制作过程中确实比较耗时，这是我没有预料到的，因为学生只有课间才有时间，所以这个视频做了长达一周之久，还修改了无数次才达到了最终的效果。像这样的情况，以后就应该把时间预留充分。

在周二下午课件制作完成后，只剩下最后一件事了。晚上我找了班上的两位班干部到办公室，给他们各一份教案，大致地讲解了第二天班会课的上课内容，希望他们今晚认真看看教案，想想明天怎么主持班会。在两位班干的要求下，我们在周三中午放学后，进行了简单的流程演练，由于不想占用他们的午休时间，过了两遍就结束了此次班会课的最后准备。虽然时间短，但是和班干之间的交流是不能少的，尤其是在我对他们班级并不十分熟悉的情况下。通过一些询问后，能够确定游戏、活动的难度和参与度，以及一些更适合他们班级情况的设计，尤其是导入设计怎样引起学生关于此主题的兴趣，一直是班会的重要内容。这就如同上英语课，所学到的知识、传达的理念，如果不能与学生的思想现实、心理状态、知识背景、生活经验发生联系，这样的教育只能是隔靴搔痒，过目即忘。我想到在班会课上，由两位学生主持，我负责最后的总结并且在课室里观察课堂。同学们很活跃，参与度高，整节班会课气氛热烈。同学们在游戏中也放得开，达到了游戏设置的目的。尽管如此，还是有一些值得改进的地方。

具体的反思如下：

（1）太放手让学生主持整节班会课，当中自己参与的时间太少，虽然要发挥学生的自主管理水平，但在学生表达不到位时，还是应该及时做补充和引导，保证各个环节的完整和流畅性。

（2）除了自己做最后的总结，尤其是在全班性的游戏活动中，学生们非常积极地参与，可以多让学生说说自己的感想，或者评价同学们在游戏中的表现，让同学们清楚地意识到游戏的目的。

这次班会中，一些细节也值得反思。第一，时间分配合理，让所有学生参与游戏，这样学生的参与度高、影响力强。第二，游戏实施环节也许是学生第一次做游戏，学生对规则的理解还不太清楚，在做游戏时，出现了些许混乱。各个环节的衔接稍显拖沓，尤其是各组做游戏时，孩子们前往讲台的时间太久。第三，交流感受的学生太少，面对镜头，孩子们还是显得拘谨，不够积极。事先思想工作做得不够，本以为我班学生平时上课积极大胆，没想到还是放不开。

虽然在同一个集体中，但每个孩子都有自己固有的性格、天赋和独一无二的个性，基因注定了每个人都有不同的生活路径。一旦认识到所有的孩子在不同的方面都很聪明，我们就可以看到许多实现孩子人生价值的途径，而且不仅仅是一条。

《人人都能上清华》主题班会

设计背景：

从小，我就有一个梦想——当一名播音员。还记得高考那年，我报的第一志愿就是北京广播学院，却是未能圆梦。如今我当了一名教师，仍然可以每天"播音"，这让我有一种恍如梦境般的感受，让我在不知不觉中深爱上了这个职业。其实，我现在才明白，爱上这个职业跟之前提到的原因并没有太大关系，而是因为我的学生们，因为他们让我感受到了爱，我付出了，也收获了。我要激发出孩子们对梦想的渴望，让他们也能感受到我的爱，让他们也能收获满满。

设计目的：

《人人都能上清华》这篇文章中提到体育训练、节约时间以及日常学习，要是都能拿出那种被迫无奈的钻研精神，定能成功，而我们的孩子不正是缺乏这种精神吗？

初一至初三，我要为我的学生们六读《人人都能上清华》，并且在每读一次后都要让他们有更多的感悟与反思，让他们学会为自己的理想而奋斗。

三年六读，每一次都会有不同的感受，那些还未成熟的孩子们一定会被这篇文章深深影响，而这六次班会也将成为他们人生中一笔不可多得的宝贵财富。

设计方案：

首先，为学生们深情朗读《人人都能上清华》，静候学生们的反应：唏嘘、惊叹、兴奋、微笑、挺直脊背、鼓掌、举手。

读完后让学生们互相交流讨论，与学生们互动问答，通过讲、写、谈听后感，让他们的感受加深。

有同学问：老师，请问您读了这篇文章后感触最深的是哪一部分？

答：第一部分，我觉得一个人想要成功就要付出超过别人几倍的努力，相信自己的潜力，目标要设置得足够高，任何时候面对困难都不要说自己尽力了！那是在为自己找借口，找台阶下，而同学们你们一定要有着永不退缩、敢于挑战自我的精神，也只有这样才能成功。这就是我感受最深的部分。

还有的同学问：如果想要上清华，我们需要做些什么？

答：第一，一定不要轻言放弃，也永远不要说你已经尽力了！第二，上学时每天一定要会利用时间，时间就像海绵里的水，只要你愿意挤，它总是会有的。第三，我们一定要学会把自己的压力转化为动力。第四，我们要学会控制自己的情感。第五，好的身体是一切的本钱。"为祖国健康工作五十年"是清华的口号，也是你们所要学习的。

每次班会课总会有不同的收获，这才是最宝贵的。

最后，俯下身来，与学生在同一高度去感受，去感悟，再用老师的视角去分析，去要求。

心得与反思：

无意间，我在2009年12月下期的《意林》中读到了一篇文章，题为《人人都能上清华》。我一下子被这个题目吸引住了，因为让孩子上清华大学是很多家长梦寐以求的事情,人往高处走,做家长的哪个不想让自己的孩子有较大的成就呢?清华大学作为中国的知名学府之一,显然进这个学校的校门是不容易的,但是让我吃惊的是这篇文章竟以《人人都能上清华》为题,我便开始了思绪万千。莫非是有什么"窍门"作为指路灯?我带着疑问开始读。读完后感触很深,于是我便一遍又一遍地翻看着,想把这篇文章分享给我的学生们。于是我在班会课上和他们一起阅读了这篇文章,学生的感触也很深,之后我承诺在初中三年为他们六读《人人都能上清华》。让他们在这三年中被这篇文章激励着向前去;让学生们从现在开始便在心里扎下伟大的理想之根;让这颗"种子"伴着他们一起成长,一起生根发芽。

从这一次的主题班会活动中,可以看到一些学生被这篇文章所震撼,他们一定懂得了文章的深意,并且也向我提出了一些很好的问题。学生们都已从心底认识到了"人人都能上清华",并有了坚定的目标。相信在中考前我送给他们的"六读《人人都能上清华》",会助力他们考上自己理想的学校。同时通过这次活动也让我看到学生的思想还是受到了一定的限制,但我相信在今后的活动中,学生们的思想会更加活跃。

三年班会,六读《人人都能上清华》,不仅教给他们学业中的知识,更教给他们人生的道理。这些付出,得到的回报就是他们优秀的学业和他们回馈给我的爱。这些相互的爱,交融在一起,渲染出感人、难忘的记忆。

每一届学生在这篇文章的陪伴中度过三年,它教会学生们努力、奋发、珍惜、锻炼、转化压力和控制情感。而这些才是他们人生路上应该具备的品质和懂得的道理。我希望在不久的将来，可以看到他们拥有美好的人生。不求他们"人人都能上清华"，但愿他们明白"人人都能上清华"！

学生主题班会后感：

其实，人人都能上清华。清华，一个让中国响亮的名字，一个响彻世界的名字。如今，考试让清华大学对于我来说只是一个遥不可及的梦想，小时候，我也曾拥有这个梦想，慢慢地成长，也知道了自己能力有限，看到了人外的人，山外的山，天外的天，我的清华梦，就这样破灭了。可是听了张老师读的这篇文章，我不禁被震撼。

刚开始听时，我觉得清华真不是人待的地方，考进清华的都是神！他们难道就没有私欲吗？把美好的青春献给图书馆，真是可笑。可是后来我意识到他们也是凡人，只是他们有一种对人生目标的执着追求，有一种顽强拼搏的精神，一种没有最好、只有更好的学习态度。文中的青年，为了体育测试不断努力，最后取得了成功。再想想我们遇到一点困难就退缩。所以，永远不要说你已经尽力了，这只会让你离成功越来越远。什么叫成功？人们死活不相信你能做到的事情，你做到了，这就叫成功！

在我的印象里，做事不必强求，只要达到目标就可以了。在清华大学的校园里，要是我有这种想法，早已被淘汰了。物竞天择，如果你不努力，那么失败的就是你。所以在清华大学的校园里，走路几乎是小跑，骑车都是飞车。因为只有你挤出一分钟,才会多一分钟的时间,这是态度问题。清华学生,总是在寻找压力,督促自己前行。所以清华大学才成为中国的明珠。

清华,不是人人都能上的,但是只要我们有坚定的信念、认真的态度,我相信我们都能上属于自己的清华!

安全教育主题班会

活动背景:

每年3月份最后一周的星期一,是全国中小学生"安全教育日"。国家设立这一制度是为全面深入地推动中小学生安全教育工作,大力防止各类伤亡事故的发生,切实做好中小学生的安全保护工作,促进他们的健康成长。国家每年都会确定一个主题,下面我以"强化安全意识,提升安全素养"主题为例。

活动目标:

1.提高认识,防患于未然,培养学生们正确的安全防卫心理。

2.掌握必需的安全常识和紧急情况下的逃生策略,提高学生们的自救自护能力。

前期准备:

1.提前布置作业,要求学生上网了解"安全教育日"的来龙去脉,并查阅有关中小学生安全常识。

2.全班讨论确定"校园安全""交通安全""饮食安全"

"看视频学消防常识""安全知识大比拼"5个班会活动版块；将全班学生分为5个活动小组，指定负责人，每个小组自选一个版块去准备各自的小组活动，限定活动时间，不限定活动形式和活动内容。

活动过程：

1. 班主任导入话题

从国家自1996年设立中小学生"安全教育日"讲话说起……

"……从我们呱呱坠地的那一刻起，我们的存在就不仅仅属于父母和自己，我们已经是民族的一员，国家的一分子，我们就开始有责任和义务去保护自己。然而，一个小小的过错，有时就会酿成无法挽回的损失，甚至令花季中的孩子过早凋谢。调查显示，我国中小学生因溺水、交通事故、食物中毒、建筑物倒塌等意外死亡的，平均每天有40多人，相当于每天有一个班的学生消失！所以，安全无小事，保护自己，必须从身边的小事做起！"

2. A组：校园安全启示录

主持人展示幻灯片：2011年10月25日晚，四川省巴中市通江县广纳镇小学四年级至六年级寄宿制学生晚自习结束后，在下楼梯时发生拥挤踩踏事故，造成8名学生死亡，45名学生受伤。

想一想：如何防止踩踏事件的发生？全班讨论并一起总结出预防踩踏的10大方法：

①行走楼梯，一定靠右走！不在楼梯或狭窄通道嬉戏打闹，人多的时候不拥挤、不起哄、不制造紧张或恐慌气氛。

②尽量避免到拥挤的人群中,不得已时,尽量走在人流的边缘。

③发觉拥挤的人群向自己的方向走来时,应立即避到一旁,不要慌乱,不要奔跑,避免摔倒。

④顺着人流走,切不可逆着人流前进,否则,很容易被人流推倒。

⑤假如陷入拥挤的人流,一定要先站稳,身体不要倾斜而失去重心,即使鞋子被踩掉,也不要弯腰捡鞋子或系鞋带。有可能的话,可先尽快抓住坚固可靠的东西慢慢走动或停住,待人群过去后再迅速离开现场。

⑥若自己不幸被人群拥倒,要设法靠近墙角,身体蜷成球状,双手在颈后紧扣以保护身体最脆弱的部位。

⑦在人群中走动,遇到台阶或楼梯时,尽量抓住扶手,防止摔倒。

⑧在拥挤的人群中,要时刻保持警惕,当发现有人情绪不对,或人群开始骚动时,要做好准备保护自己和他人。

⑨在人群骚动时,要注意脚下,千万不能被绊倒,避免自己成为拥挤踩踏事件的诱发因素。

⑩当发现自己前面有人突然摔倒了,要马上停下脚步,同时大声呼救,告知后面的人不要向前靠近,及时分流拥挤人流,组织有序疏散。

各抒己见:

其他需要注意的校园安全事项有哪些?

学生们提到了:在教室内、走廊和楼道口不得打闹、跑跳或搞体育活动及游戏;不得爬门窗或在门窗上从事体育活动；学生不得带爆竹、管制刀具、仿真玩具手枪等危险物品到校等等。

3.B组：交通安全我注意

交通事故目前已经成为"世界第一害"，而中国是世界上交通事故死亡人数最多的国家之一，交通死亡人数居高不下，屡超"矿难"，全国2013年车祸死亡人数在6万人左右。

小组主持人播放了一些让人触目惊心的交通事故现场图片，引导大家一起分析事故原因，大多都是人祸。据一份交通事故原因统计，1/2是因车速过快造成的，1/3是超载引起的，1/4是因车辆性能、机械故障引起的。而在群死群伤的特大交通事故中，50%是由于车辆超限超载引起的。

小组讨论话题：作为青少年如何有效地保护自己，避免交通意外？一个16岁热爱骑单车的男孩留给这个美丽世界的最后一句话是"看我给大家表演一个大撒把"，那么每天骑自行车上下学的同学与你们的同伴说说应怎样文明骑车来保护自己？

讨论完毕，推选小组代表发言，总结最全面的小组获得了小礼品作为奖励。

4.C组：小品表演《黑商家搞出的食品安全问题》

五位同学分别扮演主持人、母亲、爱吃零食的女儿、黑心的小吃店老板、店员，他们以诙谐夸张的表演揭露了某些不法商家昧着良心卖黑心食品，用喂食瘦肉精的死猪肉冒充牛肉，还用发芽的土豆做菜，在特色菜中还添加了苏丹红，有一家餐馆的冰激淋粉含有毒奶粉，还虚假高价宰客。

表演结束后，参与表演的同学提醒大家：要多吃妈妈做的饭，不要随意去购买、食用街头小摊贩出售的劣质食品、饮料以及三无食品饮品（无产地、无生产日期、无保质期）。

5. D组：看视频学消防常识

D组的电脑高手们为大家播放了他们从网上下载的2个小视频"火灾中如何自救逃生""消防安全3分钟动画宣传片"，大家在轻松愉快的氛围中，了解了一些发生火灾时的应对措施，受益匪浅。

6. E组：安全知识大比拼

在这个环节，E组的学霸们化身为"开心辞典"的节目主持人，为大家精心准备了30道安全方面的知识竞赛题，题型有选择、填空、简答，内容除了涵盖班会上讨论的"校园安全""交通安全""食品安全"和"消防安全"外，还有一定的拓展，他们还为抢答正确的同学准备了小奖品，在热烈的抢答中班会气氛达到了高潮。

7. 班主任总结

感谢五个小组的出色设计和精彩展示，大家的表现都很棒。但我们的班会还有最后一个环节，请同学们仍然是以活动小组为单位，办一份有关自己小组选定题材的学习园地板报。

生命像是一根丝线，一端系着昨天，一端系着明天。站在两端之间，我们才知道：因为生命，我们才会拥有今天；因为今天，我们的生命才得以延续。

生活中总有一些突发事件，这些突发事件并不可怕，可怕的是没有自救互救的意识和解决问题的能力。今天我们的目的便是培养大家的这种意识和能力,在紧急时刻我们能用自己的经验和知识去保护自己和他人的生命。生命是宝贵的,也是脆弱的,一次小小的意外就可能吹破生命那张薄弱的纸,一点点烛光可能很微弱,寒风、冷雨随时会将它浇熄,但如若我们将它捧在手心,细心呵护,那一点微弱的烛光就可能照亮整个世界。让我们走安全路,骑文明车,吃安全食品,时刻居安思危,过好每一天,奋斗每一天,享受每一天,让生命之花绽放得更为灿烂多姿。

8.合唱"祝你平安"

音乐声响起,全班一起合唱"祝你平安",班会结束。

班会反思:

1.这次主题班会开得很有意义,也很成功,从学生们积极投入的表现中,足以看出大家对安全问题的关注。这次主题活动达到了增强学生们的安全意识和自我保护意识的目的。

2.小组分工合作主持班会的方式虽是我初次尝试,但效果很好。班会结束后我了解到各小组内部也有明确分工,或查找资料,或制作PPT,或写主持人串词,或选购竞赛环节的小奖品,几乎每个同学都有自己的任务,大家都参与了班会的准备工作,一方面缩短了准备的时间,另一方面因为班会开始前几乎每个人都参与了准备环节,所以在班会过程中大家投入程度更高,收获更多。

3.安全方面的小话题很多,内容也很广,我引导学生们把选择范围尽量放在和他们生活息息相关的方面,这样的教育效果才会有针对性,更能达到目的。譬如说,校园安全的重点落在防止踩踏,其中最重要的原因是由我校的现状决定的。我校学生人数众多,课间上下楼时比较拥挤,若没有安全防范意识,很容易发生意外。再如,交通安全涉及的面也宽泛,孩子们选择了如何遵守交通规则和安全骑车上下学作为重点内容。

4.班会的衍生作业"安全教育月"的板报办得也很出色。各小组将班会内容进行了提炼和再加工,做出的图文并茂的小板报组合在一起,便构成了整个班级的作品。由于此次板报有足够的素材,而且参与人员多,大家齐动手,板报很快就完工了,内容丰富且真实,还有班会的现场照片画龙点睛。

5.学生是未成年人,身心发育都不成熟,缺乏对潜在的不安全因素及危险因素的预见能力。对他们加强安全方面的养成教育,不仅能使他们养成良好的行为习惯,而且能使他们远离安全事故。著名的教育家叶圣陶说过:好习惯能使人受益终身。同理,好习惯能使人远离安全事故。这样的班会不仅要在安全月开展,在平日也要经常举行,内容还可以再广一点。总之,学生安全是班主任工作中的头等大事,容不得我们有一丝一毫的马虎和懈怠。

附：

"安全知识大比拼"竞赛题

1. 扑救电气火灾应首先做什么？

答：切断电源。

2. 发生火灾拨通"119"后，应向"119"台报告哪些情况？

答：应报告失火位置所在的区县、街道，燃烧的物质，火势大小，有威胁的物质，报警人姓名、单位、电话号码等情况，并派人到路口迎接消防车的到来。

3. 怎样使用干粉灭火器？

答：先拔掉保险销，一手握住喷嘴，对准火点，另一手压下压把。

4. 农药等化学药品污染皮肤后，能用酒精或热水擦洗皮肤吗？

答：不能。因为酒精和热水都会促使毒素被皮肤吸收。

5. 有一个地方着火后，一位同志扛起泡沫灭火器就跑去救火，他这么做行吗？为什么？

答：不行。因为当他扛泡沫灭火器后，灭火器筒内的化学药剂发生化学反应而生产出二氧化碳气体的泡沫，并以一定的压力从喷嘴喷出，这样就达不到灭火的目的。

6. 未满（B）周岁的儿童不准在道路上骑自行车。

A.8　　　　　B.12　　　　　C.16

7. 破坏性地震是指（B）级以上的地震。

A.2　　　　　B.5　　　　　C.6

8. 乘坐出租车要在车停稳后从（B）门下车。

A.左边的　　　B.右边的　　　C.随意的

9.汽车车尾白灯闪烁时,表示汽车(B)。

A.前进　　　B.倒车

10.在以下哪些地方滑"旱冰"或"滑板"才安全?(A)

A.禁止机动车行驶和停泊的地方

B.宽敞的马路上

C.胡同里

11.如果看到有汽车撞人后要逃跑了,你应该立即怎么做?(A)

A.记下车牌号并报警

B.告诉老师或家长

C.不需要做任何事

12.当你独自在家,有陌生人敲门时,最好的做法是:(A)

A.始终不开门

B.觉得对方的理由充分就开门

C.把门打开,问他有什么事

13.坐在火车上,对面的乘客请你喝他带的可乐,你觉得哪种做法最妥当?(A)

A.向他表示感谢,但不接受他的可乐

B.接过可乐,并说声"谢谢"

C.不吭声,保持沉默

14.被狗咬伤后正确的救治方法是:(ABC)

A.立刻用清水仔细冲洗20分钟以上

B.将伤口的上端(近心端)用布带结扎

C.及时去医院,注射狂犬疫苗、破伤风疫苗

15.游泳时要注意:(AC)

A.要了解水情,不到危险区域游泳

B.凭着高水平可以到有防护措施以外的区域游泳

C.要做好热身准备,避免出现抽筋等症状

16.为了避免遭到他人抢劫应该注意:(ABC)

A.要和同学结伴上学、回家

B.上学放学路上尽量不走偏僻的小路

C.衣着朴实,不追求高消费,身上尽量少带钱

17.雨雪天气在路上行走要注意:(AB)

A.尽量穿色彩鲜艳的雨衣

B.手撑雨伞时尽量不要挡住行进的视线

C.没带雨具,慌不择路,尽快回家

18.为了防止被坏人拐卖是否应该和陌生人说话?

答:否

19.每年全国的"中小学生安全教育日"是在(A)月份最后一周的星期一。

A.三　　　　B.六　　　　C.九　　　　D.十

20.今年"全国中小学生安全教育日"活动的主题是(A)。

A.强化安全意识,提高安全素养

B.强化安全教育,共建平安校园

C.完善管理制度,确保校园平安

D.远离网吧,从我做起

21.火灾时脱身不正确的是:(B)

A.当处于烟火中,烟太浓,卧地爬行,并用湿毛巾蒙着口鼻

B.遇山林火灾时,朝下风方向跑

C.遇山林火灾时,朝上风方向跑

D.当楼房发生火灾时,若火势不大,可用湿棉被、毯子等披在身上,从火中冲出去

22.防止火灾的基本方法和手段有哪些?

答:有效地管理好可燃物,控制火源,避免火源、可燃物、助燃物三者间的相互作用。

23.看见有人触电后,正确的救人做法是什么?

答:应该先拉闸,切断电源后救人或用绝缘性好的木棍等物品挑开电线后救人。

24.油锅着火时,正确的灭火方法是什么?

答:正确的灭火方法应该是用锅盖盖住油锅灭火。

25.火灾发生后,如果逃生之路已被切断,应怎么办?

答:应该退回室内,关闭通往燃烧房间的门窗,并向门窗上泼水,延缓火势发展,还可打开未受烟火威胁的窗户,发出求救信号。

26.集体外出时怎样注意交通安全?

答:集体外出应列队,队伍应靠右边人行道上行进,没有划分人行道和车行道的,应靠右边行走;不准随便离开队伍,不准在公路上追逐玩耍,不准三五成群地并肩行走或聚集停留,妨碍交通。

27.行人应遵守哪些交通安全规定?

答:①不准翻越、钻跨、骑坐交通护栏、隔离栏。②不准在

车行道、人行天桥、人行地道、桥梁、隧道和交通安全设施等处坐卧。③不准进入封闭运行的高等级公路。④不准在有隔离带的路段横穿公路。⑤无行为能力和限制行为能力的人上路行走，须由有行为能力的人带领。

28.上体育课时，同学出现中暑现象，应该采取哪些方法救护？

答：应该让该同学马上停止运动，到阴凉处休息。喝些运动型饮料或淡盐水，服用人丹等解暑药，有条件的话还应该用冰袋敷在头、颈、腋、腹股沟等部位进行降温。

29.如果不幸遭遇绑架，应采取什么有效的自救方法？

答：应该牢记与救援和破案有关的信息，如歹徒的人数、姓名、身形、口音等特征，还有劫持的时间、地点、劫持的方向，劫往地点，自己所处环境等，并寻找适当的时机报警。

30.外出时如何避免遭受雷击？

答：①在外出时遇到雷雨天气，要及时躲避，不要在空旷的野外停留。②雷电交加时，如果在空旷的野外无处躲避，应该尽量寻找低凹地（如土坑）藏身，或者立即下蹲、双脚并拢、双臂抱膝、头部下俯，尽量降低身体的高度。如果手中有导电的物体（如铁锹、金属杆雨伞），要迅速抛到远处，千万不能拿着这些物品在旷野中奔跑，否则会成为雷击的目标。③特别要小心的是，遇到雷电时，一定不能到高耸的物体（如旗杆、大树、烟囱、电杆）下站立，这些地方最容易遭遇雷击危险。

自信教育主题班会

活动背景：

对班上学生经过半个学期的了解、观察后,我发现我所带班级的部分学生不敢参与学校开展的各项活动,即使是某些方面有特长的同学,总怕出丑,总认为自己的能力不够。特别是在面临进入初中的第一次期中考试时,好多同学总觉得这次考试一定无法考好,甚至部分学生还存在厌学、自卑、孤僻、依赖、不求上进、纪律松散等不良现象。为此我进行了《中学生自信心调查问卷》,通过问卷调查也发现大部分同学缺乏自信心。针对这一情况,为了提高学生的自信心,我召开了"才艺作帆,自信起航"的主题班会。

问卷调查内容如下。

调查对象：

七年级16班学生,共53人。

调查分析：

根据调查结果发现,学生自信心现状不容乐观,有相当一部分学生缺乏自信心。46.7%的学生认为自己在学习方面及很多方面都不如其他同学,这些学生在集体场合中不敢主动提出自己的意见和建议,在集体活动中有压迫感,从不愿参加甚至排斥集体生活；23.6%的学生认为自己处理事情的能力较差,对自己的能力缺乏自信心；有81.3%的学生极少或从来不敢在众人面前大胆表现自己,惧怕参加竞赛性活动,特别怕人笑话；有41.8%的同学消极悲观造成不求上进、被动学习和压抑等不健康的心理；而约有23.6%的学生给自己"很差""不能干"等消极评价，面对困难挫折时，他们常常害怕、退缩，不能努力解决困难，惧怕尝试新事物、新活动，在活动时总是选择那些较容易的活动而逃避那些有一定难度或挑战性的新活动。

活动目的：

1.通过活动，使学生能够认识自我，悦纳自我，建立自信心，以健康心态面对人生，迎接挑战。

2.通过心理健康教育，帮助学生形成向上、乐观、充满自信的健康心理，以良好健康的最佳心理状态去学习和生活。

活动准备：

1.进行自信心问卷调查，并进行统计。

2.确定一名活动主持人，成立主题班会筹委会。

3.学生搜集并准备有关自信的故事。

4.准备好小卡片，用于"激励小语赠同学"这个环节。

5.收集《相信自己》的带flash动画的歌曲。

6.学生准备才艺表演。

7.制作PowerPoint教学课件。

活动过程设计：

主持人导语："在当今竞争日益激烈的社会中，要想获得成功，自信心是相当重要的。自信心来源于两个方面：一方面来源于对自我的肯定和欣赏；另一方面来源于他人对自己的肯定和欣赏。那么你在同学心目中是一个怎样的人呢？"

1. 第一项活动：夸夸你的好朋友。

每位同学都在班上任选一位同学，真诚地对他（她）说一句赞美的话。

要求：称赞要由衷、贴切、独特。

目的：通过同学相互间的赞美，感受被他人认可的快乐，同时学会欣赏他人。

主持人导语："好话一句三冬暖，诚意的称赞能使人精神振作，心情愉快，增加自信，能促进同学间的友好合作。"

2. 第二项活动：让自信与我们同行。同学们在卡片上为自己的好朋友写上激励小语并交换。

3. 第三项活动：故事欣赏。孙哲同学讲了《小泽征尔胜于自信的故事》，学生们讨论他取得成功的原因。

主持人导语："小泽征尔胜于自信的故事印证了莎士比亚说的一句话——'自信是走向成功的第一步，缺乏自信即是其失败的原因'。可见，自信心是事业成功、人生快乐的基础。"

根据学生的见解，我讲述了自信的重要性。让学生相信我们大脑的开发只有5%左右，只要把我们的潜能发挥出来，别人能做到的事，我们自己也一定能做到。相信自己，只要坚持不懈地积极进取，就一定会获得成功。

4. 第四项活动：学生才艺表演。

陈建兴、董强同学表演相声《文武双全》。苗文沁等同学表演舞蹈，陈一诺同学表演小提琴演奏，杨洲同学表演二胡演奏，苏勤同学表演琵琶演奏，王博同学表演书法。

5. 班主任做总结性发言。

同学们,你们的主题班会开得非常成功,使我也充满了自信。请大家记住自信是成功的第一秘诀,只要你们扬起自信的风帆,就一定会有非凡的成就,相信你们一定能行!相信你们最棒!让我们一起朗诵:

你也许不是最美丽的,但你可以最可爱;

你也许不是最聪明的,但你可以最勤奋;

你也许不是最富有的,但你可以最充实;

你也许不是最顺利的,但你可以最乐观;

你也许不是最能干的,但你可以最积极;

你也许不是最优秀的,但你可以最努力;

你也许不是最健壮的,但你可以最勇敢。

赏识自己,是对自我的一种肯定;

赏识自己,是对自我的一种鼓励;

赏识自己,是对自我的一种激励;

赏识自己,更是对自我的再认识;

赏识自己,是为了给自己一份信心;

赏识自己,是为了给自己一个目标;

赏识自己,是为了给自己一股动力。

为自己喝彩,不必有半点的矜持和骄傲,

完全可以大大方方,潇潇洒洒,只要你相信自己。

为自己喝彩,不是自我陶醉,不是故弄玄虚,不是阿Q主义,

而是一种超脱高昂的人生境界。

为自己喝彩，不要在意别人的目光。

要记住：自己是自我生命中最在意的欣赏者。

相信自己，你能行！

我们将风雨兼程，一路同行！

6.全班同学大合唱：《相信自己》。

主持人结束语：

"今天，在这个以'才艺作帆，自信起航'为主题的班会中，我们看到许多同学都积极登台表演，我们看到了同学的优点和长处。我相信同学们现在都有了这么一个共识——我很棒，你也很棒！作为新世纪的学生，我们要积极树立起自信心，学会相信自己，只有相信自己，才能欣赏自己，塑造自我。

"最后，我祝愿同学们能够在发现自己和他人的闪光点中，不断地完善自我，乘风破浪，迎接挑战，实现人生理想！本次班会到此结束，再见！"

班会反思：

此次主题班会后我也做了认真的自我反思。对这节课的成功之处、美中不足及改进措施方面进行了总结：

设计此次主题班会的目的，是想通过展现自我活动，让学生能够树立自信，从而树立健康、高尚的情感、态度、价值观。在这次班会中，我紧紧围绕"自信起航"这个主题展开活动，并通过各种形式让学生不仅懂得了什么是自信，也明白了自信的重要性和意义。主题班会环节紧凑，主题突出，学生互动，氛围轻松，充分发挥了学生的主观能动性。

在整个班会活动中学生既是受教育者也是教育者，主持人担当着主导的作用，而我作为班主任，看着他们一个个积极展示，倍感欣慰。他们自信的笑容铭刻在我心中。让学生尽情地展示自我才艺的同时放飞自信的翅膀，在人生旅途中扬起自信的风帆；同时还通过发现同学的美，增强学生的自信心。让学生在合作中交流，在交流中互相学习，特别是最后一首《相信自己》，点燃了学生的激情，全班同学不由自主地唱出内心的声音，将主题班会推向一个高潮，从而较好地实现了班会目标。

这次主题班会，大部分是由学生构思、组织，充分调动了学生的积极性。这让我感受到学生的潜力是巨大的，关键是看引导者怎样来发现，怎么来挖掘。在活动的准备阶段，学生积极动脑，出谋划策，以多种多样的形式来开展活动。有的以小组为单位进行相声创作和表演；有的以讲故事的形式来介绍自信的重要性；有的以器乐演奏来表现自我，各个环节衔接也比较自然、顺畅。同学们在主持人和班长的带领下，团结协作，共同编排节目，既锻炼了自己的能力，又充分体现出了小组的合作精神。

但这次班会还有一些不足的地方，比如：班会在时间的把握上不够准确，各个环节还不够深入学生的内心，没有给学生足够的时间进行更深刻的思考。大部分同学都能踊跃发言，有的学生发言还挺精彩，但在发言的深度上还有待培养和训练，语言的组织能力也要在平时的授课中进一步提高。另外自信心的培养离不开家庭的培养，教育活动应该密切联系家长，应该邀请部分家长到会参与，共同培养学生的自信心。

总之，这次主题班会还是很精彩的，在今后的工作中，我还会组织学生们开展各种形式的主题班会活动，我想我们会做得更好。

附：
中学生自信心调查问卷

请你仔细阅读每一道题目，如果情况相符，就在括号里打√，不是则无须填写，一定要如实回答，尽可能回答第一印象。

（ ）1.家人都期待我在考试中取得成功。

（ ）2.重大考试前后我不想吃东西。

（ ）3.考试不应太正规，使人紧张。

（ ）4.一般来说，成绩好的人将来必定在社会上取得更好的地位。

（ ）5.如果我考不好，即使自己不在意，也会在意别人的评价。

（ ）6.重大考试期间，我常常想到别人比我强。

（ ）7.对考试有担忧，会妨碍我准备，干扰我答题。

（ ）8.面临重大考试我会睡不着觉。

（ ）9.如果废除考试，我的功课实际上会做得更好。

（ ）10.了解到考试有可能影响到我的前途，我就心烦意乱。

（ ）11.如果我考不好，人们将对我的能力产生怀疑。

（ ）12.面对重大考试，我的脑子就像凝固了一样。

( ) 13.考试前,我有一种空虚、不安的感觉。

( ) 14.考试使我对自己能否达到自己的目标产生怀疑。

( ) 15.考试前,我常常感觉到需要充实一些知识。

( ) 16.在即将得知考试结果前,我总是十分焦虑不安。

( ) 17.假如我在这次考试中考得不好,就意味着我不像原来那样聪明。

( ) 18.如果我分数低,我父母会感到很失望。

( ) 19.应试时我感到手在哆嗦。

( ) 20.考试过后,我本能地感觉到本来应考得更好。

( ) 21.考试时,我常常情绪紧张。

( ) 22.如果我考差了,会影响别人对我的看法。

( ) 23.考试前,我感到缺乏信心,精神紧张。

( ) 24.在考前,我有一种紧张、不安的感觉。

( ) 25.我在考试时,常常感觉到恐慌。

( ) 26.公布我的分数之前,我很想知道别人考得怎样。

( ) 27.如果我分数低,某些人将快活,这使我心烦意乱。

( ) 28.我想,如果我单独进行考试,那我成绩会好很多。

( ) 29.考试成绩直接关系到我的前途和命运。

( ) 30.考试期间我非常紧张,以至于忘记了本来自己知道的东西。

感恩教育主题班会

"感恩"之心,是我们每个人生活中不可或缺的阳光雨露,一刻也不能缺少。无论你是何等的尊贵,或是怎样的卑微，无论你生活在何地何处，或是你有着怎样特别的生活经历，只要你胸中常常怀着一颗感恩的心，就会拥有美好的记忆。我们每一个人都获得过别人的帮助和支持，应该时刻感谢这些帮助你、支持你的人。

班会主题：

引导青春期的孩子们学会感恩父母养育之恩

活动目标：

1.让学生了解父母之爱，体会父爱、母爱之圣洁、无私和伟大，唤醒他们的感恩之心，感受到亲情的温馨。

2.让学生学会理解、孝敬父母，感激身边最亲近的人，以实际行动感恩父母，懂得爱他人、爱社会。

前期准备：

1.设计"感恩父母的选择性知识问答"，并抽样完成问卷。

2.整理分析调查问卷结果，绘制分析图，确定班会具体内容。

班会过程：

1.播放歌曲《感恩的心》，导入班会主题。

2.给学生解读"何为感恩"。

一个人的成长，要感谢父母的恩惠，感谢师长的恩惠，感谢国家的恩惠，感谢大众的恩惠。没有父母养育，没有师长教诲，没有国家爱护，没有大众助益，我们何能存于天地之间？所以，感恩不单是美德，感恩还是一个人之所以为人的基本条件！

3.讨论：自己怎样认识感恩。

①学生分小组讨论。

②学生发言："所谓'感恩'，就是要记住别人对自己的恩惠，学会报答那些给自己帮助的人。我认为我们在生活中就是要多帮助父母，多体谅老师，那就是感恩。""感恩是一种品德，是一种生活态度。我们只有学会了感恩，生活才会快乐，生活中才会有真挚的情感。生活中我们要感恩父母，感恩老师，感恩一切帮助过我们的人。"

教室里不断涌动着诸如温暖、自信、坚定、善良等这些美好的处世品格。自然而然地，你的生活中便有了一处处动人的风景。

4.引导学生通过回忆父母的生日导入——感恩父母。

你父母的生日是_____

你父母的身高是_____

你父母的体重是_____

你父母穿_____码的鞋

你父母穿_____码的衣服

你父母的口头禅是_____

你父母的日常消遣活动是_____

5.讨论。

①通过一组图片来展示父母的辛劳。

②你是怎样看待"感恩父母"的？

③怎样感恩自然和身边其他的人？

6. 老师总结发言。

感恩的方式其实有许多，只要怀有一颗感恩的心，你就会随时回报于别人。常怀感恩之心，能让我们更好地体验爱；常怀感恩之心，会让我们的生活更加充实愉快，会使我们的生命充满温暖，会使我们的灵魂得到升华。一个和谐的家庭、和谐的集体、和谐的社会，既要多些感恩之心，更需要每个人自觉地付出自己的爱心。

主题班会反思：

我们经常说，每个人的人生都面对着三大课题：学会做人，学会做事，学会做学问。当然首先得学会做人。可是处在青春期的学生们崇拜的不是影视明星就是体育明星，他们对明星们的生日、喜好了解得非常清楚，可是有多少学生知道自己父母的生日呢？当然更谈不上对他们的崇拜。

首先，本次主题班会的主题是"感恩父母"，我觉得在如今的社会环境、家庭环境下，正处于十四五岁这个年龄阶段的孩子们渐渐从乖巧听话转为反叛逆从，对于父母的爱往往熟视无睹，他们认为父母给他们所做的一切都是理所应当。父母于他们的意义何在？怎样才是对父母真正的爱？如何用感恩教育呼唤孩子们纯朴的心灵？就在这次主题班会开展之前，我班的一位同学因为父母没有给他买心仪的名牌运动鞋而对父母大发雷霆，他觉得父母太无能了，自己怎么有这样的父母。还有学生把父母每天对自己的关心呵护当作是唠叨。这种现象在现在的中学生中很普遍，所以教会孩子感恩父母，开展这样的主题班会是很有必要的。

现在的孩子大多数是独生子女，自幼被视为掌上明珠，父母对孩子千般宠爱，要什么给什么。然而，孩子并没有意识到父母的付出，反而形成了以自我为中心、不尊重父母的现象。这次主题班会旨在启发教育学生学会感恩、理解父母的辛劳。应该说这是一次成功的主题班会，虽然只有短短四十分钟，可每位家长和同学都认认真真准备，在进行第三项和第四项内容时，同学们抢着举手，都想给大家展示自己这段时间的收获。而关于感恩父母的选择性知识问答题目，让大家也收获了知识。

班会结束后，很多家长还很激动，有的来到我的办公室对我表示感谢，他们说："张老师，谢谢您。孩子小的时候挺可爱的，不知从什么时候起，对我和他妈妈说话特别冲。通过这次活动，我们明白了，您说得对，先要学会做人，才能更好地做学问。"

我想：任何一次成功的班会课都会给孩子们留下深刻的印象，我们应该让孩子学会付出，在付出中得到收获。这不仅仅是一次班会，更是一次深刻的教育。从这里他们不仅仅学会感恩，更重要的是明白了爱是一种责任。

附：

感恩父母的选择性知识问答

1. 你认为对父母感恩是怎样的一种行为？（　　）

    A. 人性准则　　　　B. 道德要求　　　　C. 社会舆论

2. 生活中你经常与父母进行思想沟通吗？（　　）

    A. 经常　　　　　　B. 偶尔　　　　　　C. 几乎从不

3.你经常对你的父母说感激的话吗?(　　)

A.经常　　　　　　B.偶尔　　　　　　C.几乎从不

4.你经常帮父母做家务吗?(　　)

A.经常　　　　　　B.偶尔　　　　　　C.几乎从不

5.看到父母下班回家后,还要继续忙碌做家务,你是什么感觉?(　　)

A.觉得父母很辛苦,你自己主动去帮忙

B.没什么特别的

C.应该的,做家务也是他们的工作

6.你能清楚地说出父母的生日吗?(　　)

A.当然能　　　　　B.差不多吧

C.不太关心,更不了解

7.你清楚父母最爱吃什么吗?(　　)

A.当然知道　　　　B.可能知道　　　　C.不知道

8.你曾经因为父母不理解你而怨恨过他们吗?(　　)

A.从没有过

B.当时埋怨过,不过很快就忘了

C.是的,埋怨了好长时间

9.如果你家庭经济条件不太好,你会因此感到自卑吗?(　　)

A.不会　　　　　　B.可能会吧　　　　C.不知道

10.你对父母的教导通常态度是(　　)

A.虚心接受

B.有的能接受,有的不能接受

C. 基本不接受

11. 学校提出对父母感恩的要求，学生对父母的养育之恩要"感知、感动、感激、感谢"。下面四位同学的说法中，正确的是（　　）

A. 感恩是一种美德，需要从对身边的人感恩开始

B. 长大后孝敬父母就行了，现在不用感恩

C. 如果父母对我不好，我就不必对父母感恩

D. 父母教育和抚养我们是法定的义务，不需要感恩

诚信教育主题班会

活动目的：

如何让学生具有诚信意识、诚信素养，已成为一个亟待解决的问题，因此，我们召开了此次主题班会。

活动准备：

1. 课前布置主题班会内容，请学生收集有关"诚实守信"的材料。

2. 请学生结合校园中文明与不文明的现象做好发言准备。

活动流程：

1. 由主持人解读诚信的含义，引入班会课主题。

诚实，即忠诚老实，不隐瞒自己的真实思想，不掩饰自己的真实感情，不说谎，不作假，不为不可告人的目的而欺瞒别人。守信，就是讲信用，讲信誉，信守承诺，忠实于自己承担的义务，答应了别人的事一定要去做。忠诚地履行自

己承担的义务是每一个现代公民应有的职业品质。《中学生行为规范》中特别规定：中学生应该守信，答应别人的事要按时做到，做不到时表示歉意。我们今天的班会课主题就是"诚实守信"。

2.由我们班最近发生的两个案例，引发学生的讨论。

案例一：前几天我在上课的时候，看见我们班的刘同学老低头往下看，我猜测他在看手机。有一次，我悄悄地走到他的身边，他赶紧把一个东西塞到了桌兜里，当我问他是不是手机时，他撒谎说什么东西都没有，我随即在他桌兜里面检查了一下，从里面拿出了一部手机，连屏幕都还是亮着的，原来他正在手机上看小说。

案例二：我每天早上到校后有一个习惯，去教室检查部分学生的作业是否按时完成了。有一天，我检查到了倪同学的作业，她的数学作业和化学作业都没有拿出来，我询问情况，她解释说作业忘带了。由于倪同学平时就有不写作业的习惯，所以对她说的话，我很怀疑，当时我什么话都没说，走到她的座位前，找到了桌兜里的两本作业本，翻开一看，两门课的作业全都是空白。

针对以上两件事情，全班同学展开了激烈的讨论，大家一致认为，刘同学本来上课看手机就不对了，等老师发现时他居然还撒谎，不承认；倪同学平时就不按时完成作业，导致学习成绩不好，还撒谎说作业本忘带到学校了。这两位同学都不讲诚信。班主任应适时引导错误学生认识到自己的错误，并鼓励其他学生予以他们真诚的帮助。

3.请学生讲述有关诚信的小故事。

在我国古代就有很多与诚信有关的小故事,如"曾参杀猪示诚信"。曾参是春秋末年鲁国有名的思想家、儒学家,是孔子门生中的七十二贤之一。他博学多才,且十分注重修身养性,德行高尚。有一次,他的妻子要到集市上办事,年幼的儿子吵着要去。曾参的妻子不愿带儿子去,便对他说:"你在家好好玩,等妈妈回来,将家里的猪杀了煮肉给你吃。"儿子听了,非常高兴,不再吵着要去集市了。这话本是哄儿子说着玩的,过后,曾参的妻子便忘了。不料,曾参却真的把家里的一头猪杀了。妻子从集市上回来后,气愤地对丈夫说:"我是哄儿子说着玩的,你怎么就真把猪杀了呢?"曾参说:"孩子是不能欺骗的!他不懂事,还没有辨别能力,接触到的是父母,所以什么都跟父母学。你现在哄骗他,等于是在潜移默化地教他学会欺骗。再说,你现在欺骗了孩子,孩子以后自然也就不相信你了,你以后还怎么教育孩子?"还有像大家都很熟悉的"狼来了"等故事,通过这些故事,大家都认识到诚信的重要性了。

4.教师总结:时代的进步推动着观念的更新,随着社会主义现代化的发展,社会生活巨大而深刻的变化赋予诚信这一传统美德日益丰富的时代内容,也促使人们对诚信的理解从伦理道德的范畴提升到制度建设的层面。诚信不仅是一种品行,更是一种责任;不仅是一种道义,更是一种准则;不仅是一种声誉,更是一种资源。就个人而言,诚信是高尚的人格力量;就企业而言,诚信是宝贵的无形资产;就社会而言，诚信是正常生产生活的秩序；就国家而言，诚信是良好的国际形象。在我们的生活中，老师、家长在我们很小的时候就给我们讲了许多关于诚信的小故事。诚实是一种作风、一种实在、一种可靠。因此，平时我们做人做事一定要光明磊落，落地生根，一言既出，驷马难追。

班会反思：

1.通过这次班会，我想学生都从内心深处对诚信做人有了很深刻的认识，但是，班会不能这样开完就完了，应该更进一步，制订班级"诚信公约"，让全班同学都遵照执行，这样本次班会的教育效果会更好。

2.应该让学生将自己对"什么是诚信"的理解写成文字材料，也可以写自己有没有不诚信的问题、撒谎的问题，通过今天的主题班会，思考自己以后怎么改正等。

3.应该让学生回家后对自己的家人、邻居、亲戚进行宣传，让更多的人了解诚信的重要性，主动地讲诚信，从而真正提高全民的诚信素养。

青春期健康主题班会

初中的少男少女，都正处在人生的花季，如果我们刻意地追求外在的修饰，就会喧宾夺主，掩饰了我们最珍贵的，也是其他年龄的人最羡慕的我们的清纯、自然、花季之美，反而把自己过早地推入了大龄、成熟的人群之中，甚至是轻浮的人群之中。所以我们更应该健康饮食、合理锻炼，在有健康的体魄的同时多读书、勤学习，不断丰富自己的知识内涵，提高自己的品德修养，培养自己的综合素质，把自己塑造成有涵养、有气质、内外都美的人！

活动主题：

引导青春期的孩子们正确看待青春期自我形象，健康生活每一天。

活动目标：

1.处在青春期的初中生非常关心自己的身体姿态与自己内心世界的新变化，渴望在同伴中树立良好的自我形象。通过主题班会，引导学生们正视自己的短处，接纳和欣赏自己。

2.在学生们悦纳自我的基础上，培养他们设计自我形象的意识，养成健康的饮食习惯、生活习惯，形成健康的偶像观，开始有意识地内外兼修，塑造健康的青春期自我形象！

前期准备：

1.设计"青春期学生自我满意程度调查问卷"，并抽样完成问卷。

2.整理分析调查问卷结果，绘制扇形分析图，确定班会具体内容。

3.上网查询相关视频及图片资料。

4.群口相声《祝您健康》表演准备。

5.制作主题班会海报。

6.主题班会幻灯片制作。

活动过程：

1.我的健康我做主

欣赏视频短片：《早餐的重要性》。

讨论话题：人太胖会有哪些潜在危害？太瘦又会引出什么健康问题？

话题衍生：怎样在胖与瘦之间找到平衡点？

由胖和瘦话题的讨论，引导学生们意识到按时吃好一日三餐、合理饮食、均衡营养的重要性，树立正确的健康观念。

群口相声表演：《祝您健康》。

2.我的偶像我做主

偶像用他们的个人魅力及作品感染和影响着青少年，而青少年的天性就使得他们常常会不加分析地崇拜自己的偶像。通过偶像照片配对小游戏，引导学生们正确看待偶像们的外表形象，从而更多地去关注偶像们的奋斗经历，以及他们坚定的信念和对事业的执着与热爱。

3.我的形象我做主

带着偶像所传递的正能量，引导学生们面对自我、接受自我，认真思考什么才是自己真正想要的？学生们各抒己见。

引导学生们明白：青春期的青少年更应该内外兼修，在认真读书、做好知识储备的同时学习如何做人，不断丰富自己的内在修养，提高自己的综合素质，塑造有涵养、有气质的青春期自我形象。

拥有整洁的仪表、文明的举止、纯洁的心灵、青春的朝气和高尚的人格，就是校园内最美的一道风景线。

主题班会设计及反思：

初中的孩子普遍在十三到十五岁之间，站在青春的起点，他们很好奇也非常关心自己的身体乃至自己内心世界的新变化，渴望在同伴中树立良好的自我形象，所以我决定做一期有关青春期自我形象塑造的主题班会。这是所有孩子都会产生共鸣的话题，但如何让孩子们觉得在有共性的前提下，班会内容还能贴近他们的学习和生活，涉及他们这个群体的个性呢？我想到了调查问卷，我可以把自己想了解的情况以问卷形式问出来啊。问卷结果会真实反映他们的实际想法，根据问卷所反映出来的问题我还可以设计有针对性的班会方案，将班会的教育目的落到实处。说干就干，围绕形象这个话题我设计了有关外在形象满意程度、饮食习惯、理想自我的调查问卷，后来想到偶像们对这个年龄段的孩子强大的影响力，又加入了一些有关明星们的问题。

通过对问卷结果的认真分析，我对孩子们有了大致的了解，从问卷结果可以得出以下结论：

1.孩子们很在乎自己的外在形象，很关注自己的面子问题和身材问题。

2.孩子们对自己的外在形象认可度比我的想象要低，觉得自己身材匀称、健美的仅有5%，觉得自己偏胖或者偏瘦的孩子有58%；部分身高160cm左右、体重50公斤左右，实际上是偏瘦的孩子还是会觉得自己有点胖。有关面部整容，5%孩子坚决地想去尝试，33%的孩子觉得如果没有危险，就会考虑去做。

3.有19%的孩子对于自己的性别持无所谓态度，13%的孩子不喜欢自己的性别。

4.饮食习惯上，虽然孩子们从小就被大人告知应该多吃水果蔬菜等饮食方面的常识，但实际上，每天都能按时吃好一日三餐的同学仅有36%，大家对一天中最重要的早餐关注度普遍不够，15%的孩子经常不吃早餐，13%的孩子一日三餐吃得最多的居然是零食。

5.孩子们的体育锻炼普遍不够，能够每天锻炼的仅占26%，偶尔或从不锻炼的孩子比例高达31%。

6.有关偶像，65%的孩子选择了电影电视等娱乐明星，历史上的名人伟人占24%，仅有3%的孩子选择父母或其他家人作为偶像。

7.对于如何树立青春期的自我形象，孩子们普遍认为现实中的自己和理想中的自我有较大的差距，但他们还是比较认可后天的努力，85%的孩子认为可以通过后天的努力内外兼修地提升个人的综合素质，最终缩短现实和理想自我之间的差距。

有了这些数据做底，我就有了方向，知道班会要解决的盲点。事实上这份调查问卷也为主题班会活动的设计提供了足够的素材，无论孩子们在做问卷调查时选择的内容是否符合标准的正确答案，他们的思考从做问卷时就已经开始，这也为后期的班会做了很好的铺垫。经过思索，我将班会主题确定为塑造健康的青春期自我形象，将班会活动过程设计为3个大块：我的健康我做主；我的偶像我做主；我的形象我做主。

班会开始,我先请同学们欣赏一段"早餐最重要"的视频,短片以诙谐直观的形式缓解了班会初始紧张气氛的同时,也给孩子们留下了深刻的印象,他们知道了早餐的重要性和饮食中不可忽略的两座"金字塔"。由吃过渡到大家都敏感的减肥话题,我让孩子们分组讨论身体过度肥胖以及过度消瘦的潜在危险,在热烈的讨论中他们已经意识到了盲目追求不合理的胖与瘦都是不对的,合理才能健康。"我的健康我做主"就是要吃得健康,关注自己的一日三餐,做到合理饮食、均衡营养。这个环节中很出彩的还有提前布置的五人群口相声"祝您健康",孩子幽默轻松的表演,回答了青少年该吃什么和怎么吃的问题。没有枯燥的说教,在开心的笑声中,孩子们明白自己应该怎么做真是一件很愉快的事情。

之所以第二个环节设计为"我的偶像我做主",是因为偶像们在外在形象方面对青少年的影响力是不可小觑的。为了让孩子们正确认知自己的偶像,我从网上下载了一些明星的照片并打印了出来。在小组讨论的环节,我给每组发了两个信封,分别装有明星们的素颜照和化妆照、美颜处理前与处理后的对比照片,要求孩子们一起动手将照片一一对应起来。视觉上的巨大反差,让孩子们很震撼地认识到光鲜亮丽的封面照更多的是电脑技术的产物,真实的明星和自己是一样的,似乎并不那么完美,他们也有赘肉和皱纹。在这个看图配对小游戏中,孩子们自信了好多,班会气氛变得很热烈。

褪去明星们耀眼的光环，我和孩子们一起进行头脑风暴，一起分享偶像们的励志故事。很多明星的成长历程都充满艰辛：周杰伦有遗传性疾病；梅西在11岁时被诊断为生长荷尔蒙缺乏症；林书豪在加盟尼克斯队之前屡遭拒绝……但正是这些坎坷造就了这些明星。譬如刘若英是少数在中国台湾歌坛、影坛表现都十分亮丽的女艺人。但她最初入道的时候，制作人陈升毫不客气地否定了她："你既没有一副漂亮的面孔，也没有一副好嗓子，唱歌真的不适合你。"倔强的刘若英回答道："唱歌是我的梦想，如果不能去做，我宁愿留在最靠近它的地方。"于是，刘若英从当制作助理开始，既包括有关音乐专业的幕后工作，也包括倒茶水、送盒饭这样打杂的事儿……她一边当助理，一边录制个人专辑……经过几年坚持不懈的努力，终于苍天不负有心人，她成功了。像这样的明星励志小故事，让孩子们认识到明星们也是和自己一样的普通人，不是随随便便就成功的，只有坚持梦想、不懈奋斗的人才会笑到最后。

谈到这里，班会内容回到了最初的话题，青春期的青少年如何塑造健康的青春期自我形象就水到渠成了。我引导孩子们开始思考如何塑造个人美好的形象？一方面我们必须清楚地看到"金无足赤，人无完人"，每个人的身上不可避免地存在一些不及人之处。关键是我们如何对待这些短处，有些短处是可以改变的，通过自身的努力和他人的帮助可以变短为长，而有些短处是不可改变的，这就需要面对自我，接受自我。无论是洁白的百合花、艳丽的玫瑰花，还是小小的满天星，它们各自都有吸引人的美的方面。流行在微信圈里的"名言警句"也被一个有心的孩子抛了出来，引起了大家一致的共鸣："性格写在脸上，人品刻在眼里。情绪起伏表露于声音，生活方式显现在身材。姿态看手势，家教看站姿，审美看衣服。爱不爱干净看指甲……"

我请同学们一起聆听一首配乐诗，希望每个孩子都能健康快乐地度过自己的青春期！后来，我将诗歌中的第二人称转换成第一人称，请所有的孩子跟随音乐一起来朗诵：

春天里，

每个男孩都是一棵蓬勃成长的树，

每个女孩都是一朵悄悄绽放的花儿，

成长呈现了生命的美丽。

激情与奔放、展望与憧憬、烦恼与忧愁，在这个季节变换着色彩。

但是我们了解自己吗？我们悦纳自己吗？

凝视镜中的自己，

我注意到了，展现在我面前的，

正是成长过程中的自己——可爱的自己！

在悠扬的音乐和孩子们声情并茂的朗诵中，这堂别开生面的主题班会结束了，看着孩子们脸上若有所思的神情，我相信这节班会课对他们的影响才刚刚开始。我是第一次尝试这样的主题班会展示，会后我也做了认真的自我反思。召开主题班会不同于上公开课，因为公开课有教材、有重难点，是有章可循的。班会就不一样了，没有范围，没有要求，让

人突然间不知从何下手。事后证明,只要准备充分和得当,这些顾虑都会迎刃而解。我的感触主要有以下四点:

1.班会的选题一定要贴近孩子们的真实生活,孩子们有所触动就有话可说。

2.千万不要低估孩子们的能力。群口相声的剧本因为没有时间亲自彩排,我就有点担心万一孩子们背不下台词,表演达不到想要的效果而弄巧成拙怎么办?有那么一阵儿,我甚至想从网上下载一段视频来代替孩子们的现场表演。幸亏只是这么一想,事实上,孩子们的现场表演实在是太精彩了,教育效果相当好,绝对起到了锦上添花的作用。

3.在班会的"胖瘦"讨论环节,我给每个小组都发了一张大白纸,让孩子们可以同时在上面畅所欲"写"自己的看法。后来我想,其实后面的两个畅所欲言环节也可以将明星的励志品质和每个孩子自我塑造个人形象的简单计划写在大白纸上,这样就可以当堂形成书面的内容,涵盖此次主题班会的主要环节,下课时各讨论小组共同展示现场生成的成果,又将是一个互相教育、互相学习的好机会。可惜在后两个环节里,我们只是口头说了,却没有动笔,这是我策划的不足。

4.在班会过程中,我觉得自己的语言不够精准和完美,有些表达显得略有点啰唆。再有,列举偶像事迹的时候,我提到蔡依林时大部分孩子的反应是茫然的。课下有老师提醒,我才意识到现在初二的孩子们已经是00后,蔡依林对于他们已经有点过时了,他们感兴趣的是EXO、鹿晗等新生代偶像。可见肩负着教书育人的重任的同时，如果教师不能经常地更新知识结构，不能对新知保持长久的好奇与敏锐，很快就会落伍成为学生眼里的"老古董"，今后多看书、多接触新鲜的事物，多进行储备是我必须要常做的功课。

附：

青春期学生自我满意程度调查表

性别：____ 年龄：____岁 身高：____cm 体重：____kg

1.你觉得自己长相漂亮吗？

A.很漂亮　　　B.还行吧　　　C.一般　　　D.有点丑

2.你觉得自己的身材如何？

A.健美　　　B.匀称　　　C.有点胖　　　D.有点瘦弱

3.你喜欢自己的性别吗？

A.喜欢　　　B.不喜欢　　　C.无所谓

4.如果有条件让你去做面部整容，你会去吗？

A.去，义无反顾

B.若无危险，可以考虑

C.满意自己的现状，坚决不去

5.你平常（上学的日子）吃早餐吗？

A.每天　　　B.经常　　　C.偶尔　　　D.从不

6.你按时吃一日三餐吗？

A.每天按时　　　B.经常按时　　　C.偶尔按时　　　D.从未按时

7.你的一日三餐、零食、夜宵，哪个吃得最多，最丰富？

A.早餐　　　B.午餐　　　C.晚餐　　　D.零食

E. 夜宵

8. 你经常参加体育锻炼吗?

A. 每天　　　　B. 经常　　　　C. 偶尔　　　　D. 从不

9. 你喜欢体育运动吗?

A. 很喜欢　　　B. 还行吧　　　C. 偶尔　　　　D. 不喜欢

10. 如有空闲时间,你会主动去参加体育锻炼吗?

A. 会　　　　　B. 不会　　　　C. 偶尔

11. 你最喜欢的偶像是____?

A. 体育明星　　　　　　　　B. 电影电视等娱乐明星

C. 父母或其他家人　　　　　D. 历史上的名人、伟人

12. 你为什么喜欢自己的偶像? 因为他/她的:____ (可补充,可多项,根据重要程度排序)

A. 长相　　　　B. 身材　　　　C. 意志力　　　D. 气质

E. 成就　　　　F. 才华

13. 你认为身体太胖的潜在危害有哪些?

A. 高血压　　　　B. 糖尿病　　　　C. 影响寿命

D. 手术时危险性较高　　　　E. 肾脏疾病　　　F. 癌症

G. 心脏病　　　　H. 打鼾　　　　I. 脚部疾病

J. 背部疼痛

14. 你认为身体太瘦的潜在危害有哪些?

A. 骨折危险更大

B. 关节炎患者、心脏病死亡风险增加3倍

C. 自杀危险增加12%

D. 老年肺病危险增加

E. 男性不育危险增加

F. 车祸伤亡概率更大

G. 记忆衰退　　　H. 脱发　　　I. 贫血　　　J. 胃下垂

15. 你认为初中生最健康、最美的个人形象应该是怎样的？（可补充，可多项，根据重要程度排序）

　　A. 自信、有朝气　　　　　B. 服装整洁

　　C. 高档服饰包装　　　　　D. 化淡妆

　　E. 腹有诗书气自华　　　　F. 文明的举止

　　G. 青春的朝气

　　H. 年龄还小，无所谓什么个人形象

　　I. 其他____

16. 请按重要性排列你认为影响个人形象的因素。（可补充，可多项，根据重要程度排序）

　　A. 身材　　　B. 脸蛋　　　C. 气质　　　D. 知识

　　E. 内心世界　　F. 其他____

17. 你认为塑造健康自信的个人形象应该从哪儿入手？（可补充，可多项，根据重要程度排序）

　　A. 买漂亮衣服　　B. 去整容

　　C. 多看书学习　　D. 气质是天生的，后天无法培养

18. 现实生活中的你和理想中的你有没有差距？

　　A. 没有差距　　　B. 差距很大

　　C. 有点差距，但可以通过后天的努力来缩小差距

19. 通过后天的努力和培养，你可以变成理想中的自己吗？

　　A. 可以　　　　B. 不可能　　　C. 也许能做到

20.请用简略的文字描述你心目中完美的自我形象。

情感教育主题班会

设计思路:

如何帮助青少年正确认识青春期的情感需求,树立健康的爱情观,学会理智地控制好自己的情感,是青春期心理健康教育的重要课题。

活动目标:

1.帮助学生正确理解什么是爱情,树立正确的爱情观,培养对爱情负责任的态度。

2.帮助学生认识到中学生恋爱是青春期男女生之间一种特殊的情感体验,客观看待青春期恋爱的得与失,引导学生理智地控制自己的情感。

活动准备:

多媒体课件

活动过程:

一、课堂导入

呈现两个案例,引出关于爱情的话题。

二、"爱"的思考

(一)"爱情"之我见 (教师说明本节课所谈爱情指的是狭义的男女两性之间的感情,不涉及同性恋)

1.头脑风暴:请同学们在最短的时间内,用最简洁的语言描述心中的爱情。组内交流,然后请各组组长选择有代表性的观点在全班分享。教师点评。

2.教师结合图片（斯腾伯格的爱情三元素图）讲解爱情的丰富内涵。

爱情，简单地说，就是男女相爱的感情。社会心理学认为爱情是人际吸引最强烈的形式，是身心成熟到一定程度的个体对异性个体产生的有浪漫色彩的高级情感。爱情有生理基础，包括性爱因素，不是纯粹的精神上的依恋。

心理学家斯腾伯格提出"爱情三因素论"，认为人类的爱情是由亲密、激情以及承诺三因素组成的三角形。只有激情而没有亲密和承诺的爱是不会长久的，激情消退之后留下的只有伤害。

3.动漫观赏：《两只猪的爱情故事》

（二）"爱情"之我思

1.课堂讨论：

①前面的案例中，主人公体验的是爱情吗？如果不是，是什么情感？

教师阐释：青春期恋爱既不是友情，也不是爱情，而是青春期男女同学之间一种特殊的情感体验。

②价值澄清：青春期恋爱的特点、得与失

请把关键词写在不同颜色的纸上，每组派代表与全体同学一起分享讨论结果。

2.教师总结

进一步澄清同学中一些模糊的认识：青春期恋爱的发生有其生理和心理上客观存在的条件，但并不是每个人都需要经历的过程和阶段。青春期恋爱的行为价值有积极意义，也有消极影响。中学生恋爱必将遇到各种各样的困难和阻力。所以，当爱情敲响你情感的大门时，请你一定要三思而后行。

(三)"爱情"之我悟

学生思考：为了明天美好的爱情，我们要做哪些准备？

欣赏心灵美文《孩子，我想对你说》。

三、教师总结

青春是美丽的，生活是美好的，爱情是浪漫的，又是理性的；从了解爱情到懂得爱情，还有很长的路要走；没有能力把握爱情时，最好选择暂停。请好好地呵护心中这份美好的情感，不要让爱的航船过早靠岸。

班会反思：

班会结束后，同学们脸上都是若有所思的样子，我想班会应该是取得了一定的效果。开班会前我就一直在想，作为老师，我们不能视学生这种纯洁的情感如洪水猛兽，采取堵塞的办法，其效果可能适得其反。只有从根本上让学生有正确的认识和对应的办法才能让他们不会去放大自己的情感，当然也不要对这种情感的出现视而不见。正确对待男女同学之间的友谊，也许爱情的萌芽已经成为管理班级、管理好学生们情绪的重要内容。班会上，教师的语言要注意分寸，千万不能是说教，以免学生产生反感情绪，形成对立，不愿说出心里话，那么这个班会就完全失败了。大多数学生因为好奇或者内心的困惑实际上又非常愿意来讨论这个话题。所以我想，在今天班会良好效果的影响下，抓住这个契机在一个月后再继续深入这个话题，普遍让学生有个共识：在对的时候遇见对的人才是真正的幸福！

理想教育主题班会

活动目的：

教育学生珍惜生命，热爱生活，正确面对困难和挫折，努力实现自身价值。

活动形式：

演讲、讨论、交流等。

活动过程：

通过师生、家长交流、沟通，进一步鼓励学生为实现理想而努力。

主持人开场词：

三年前，我们怀着理想而来，相聚在我们9班。经过我们共同的努力，我们离我们的目标越来越近，再有几个月我们就将走进中考的考场，去迎接三年来最后的、最重大的挑战！

或许我们要面临中考学习的疲惫和艰苦，但经历风雨后一定是美丽的彩虹。越是接近顶峰，可能越是困难重重。拿破仑有句名言："最困难之时，就是离成功不远之日。"我们在今后的学习备考中，一定要胸怀自己的目标，凭每日细小的进步和成功去构筑最后的辉煌。牛步虽迟，久行可以至千里！要学会愈挫弥坚，要学会悦纳自己，激励自己，不断前行！为了我们的理想，我们要不断前行。

请欣赏张旭阳带来的诗朗诵《我的理想》。

我们每个人都有理想，心中有梦。歌曲《我的未来不是梦》给我们的理想注入了更强的信心和力量。今天我们一道走进初三，可以说我们距离梦想更近了。想不想为自己的梦想插上腾飞的翅膀？初三，我们该怎样度过？走进初三，我们准备好了吗？

分组讨论：自由发言——关于理想的讨论。（大都涉及理想，引入下一环节）

学生代表发言：

（情感丰富，语言有激励性、鼓舞性。可以是豪言壮语。）

走进初三，我想对自己说：决心以饱满的状态迎战初三！

走进初三，我想对同学们说：初三路上，可能要吃很多苦。为了梦想我们要携手共进，奋力拼搏！

走进初三，我想对爸妈说：感谢爸爸妈妈辛勤付出，以及对我们无微不至的照顾。爸爸妈妈，你们辛苦了，我爱你们！

走进初三，我想对老师说：感谢我们的老师！您教我们知识，又教我们做人。我们一定牢记您的教导，不辜负您对我们的期望，努力学习，为母校争光！

走进初三，我想告诉世界：我是最棒的！我们都是最棒的！

主持人旁白：

1.听听家长对我们的期望。（提前录好或邀请几位家长到场）

2.听听我们的老师对大家的鼓励和希望。（请任课老师代表说几句）

班主任老师发言：

听同学们的话，铿锵有力，振聋发聩，太有气势，太有感染力了。老师非常感动。做你们的老师我很骄傲，你们都是有志者，你们都是好样的，你们都是最棒的！走进初三，你们都长大了。老师从你们的眼中看到了我们班的希望，看到了我们班的美好未来。

主持人致辞：

记得两年前的今天，我们还是稚气未脱的七年级新生，现在的我们已经是初显成熟的九年级少年了。希望我们每个人都能够从现在起，下定决心，顽强拼搏，把汗水和笑容铭刻进自己人生的美好记忆里。

演讲《走进初三，我的理想》。

主持人：

为了我们的梦想，为了让我们在初三表现得更精彩，我们全体起立，跟我一起宣誓：（多媒体显示誓词）

为了心中的梦想，我愿抛弃一切杂念，努力学习，专心读书。坚决做到：尊敬师长，团结同学，超越梦想，挑战自我，顽强拼搏，决不退缩。坚持奋战七个月，决不游戏两百天。让我们一起加油、前进吧！让梦想伴我们一起出发！

主持人致辞：

初三是艰苦的，初三是美丽的，让我们师生携手并肩，一同走过这艰苦的初三岁月，去迎接我们未来的美丽人生！

班会反思：

本节主题班会以课件、图片、影音的形式来呈现，由学生主持，全班同学积极参与，踊跃发言，取得了很好的效果。"走进初三，我的理想"主题班会让全班学生知道自己是有理想的，要为了理想努力学习，提高自我认识并为建设团结、和谐、优秀的班集体跨出了新的一步。从总体上说这次班会是非常圆满和成功的，充分地调动起了学生们的积极性，达到了预期的效果。不过也有不足的地方，还有一些学生没有得到发言机会，而且班会的时间掌握得不太理想，相信这些不足会在下次班会中得到弥补。总之，大家一定会继续努力，争取下次班会更加圆满。

心理健康教育主题班会

珍惜初三时光，好好学习，在中考中取得优异的成绩也是爱国、爱校、爱集体的一种具体表现。初三学生需要具备优秀的心理素质，以便更好地适应初三生活的激烈和紧张。本次活动旨在激励学生振奋精神，迎接初三的到来，培养积极健康的心态，适应初三紧张繁忙的学习，度过人生中的这段美好时光。

活动内容：

调整心态，为自己喝彩。

活动目的：

本次主题班会旨在普及心理健康教育知识，激励学生以积极、健康的态度迎接未来的繁重学业，摆脱自卑、胆怯、懒散、浪费时间等不良心态，从而更好地投身于学习，成为一个积极向上、心理健康的中学生。

课前准备：

1.确立主题，根据我班的实际情况，确立要准备的方向和主题思想。

2.收集自己崇拜的名人名言、名人事例，目的是想让学生用名人的事例来激励、鼓舞自己。

3.收集学生自身存在的诸多不良心态信息，进行分析，并找出端正的方法。

活动过程：

（一）回忆往昔

播放我们班足球赛、篮球赛、学校艺术节、研学活动的照片和视频，背景音乐为《我的未来不是梦》。

（二）打开心窗

同学们，一直以来，我们班在学校组织的各项活动中经过努力拼搏，都取得了可喜的成绩，是不是觉得有努力后的胜利感和喜悦感？

那学习上呢？同学们来校学习知识，追求梦想已经是第三年。初三了，大家面临的是中考，是你们人生的第一个转折点，是一个艰难的时刻。新的学期又开始了，我觉得你们一定有深刻的感受吧。

你们觉得进入初三以来有什么不同的地方？生活上，学习上，人际关系上，老师的言语上，家人的目光上，大家畅所欲言。

（同学交流）

好，刚才一些同学讲述了他们的亲身体会，相信这也代表了许多学生的心声。听了大家的讲述，我也感同身受。但是，有些同学天天都担忧着，想啊想，难道这样就可以摆脱或解决问题吗？并不能！这只是一种不良的心理，会影响我们初三的学习。下面列举几种情况。

1.压力或焦虑心理

学校课业任务繁重，竞争激烈，父母的期望值过高，使得学生精神压力越来越大。例如有一位女生，升入初中后由于老师的教学方法发生了变化，竞争对手也发生了变化，这使她感到十分不适应，以致学习成绩下降。她痛苦地说："15年来我第一次感到自己的无能，每当看到父母期望的目光，我就非常难过，不知如何做才能达到父母的要求。如今，苦闷、烦恼、忧愁、气愤充满头脑，看见书就又恨又怕，真想把它扔出去。"还有一位男生，自己平常学习不错，偶尔还可以给他人以指导，但一临近考试就紧张，总怕自己考不好，拼命准备，夜不能眠。而考试前又会感到头痛，甚至还会发烧，最后要么被迫中断考试，要么即使坚持下来成绩也不好。循环往复，情况严重到一听考试就紧张、恐惧的地步。

2. 厌学心理

这是目前学习活动中比较突出的问题，不仅是学习不好的同学不愿学习，就连成绩很好的同学也有这种倾向。

例如有位成绩好的同学谈到，每当看到、听到别人考试作弊时，自己心理就不平衡；当自己成绩不理想时又会埋怨老师不公平，觉得认真学习真没意思，不想再学了。还有一位学生告诉我们，学生中有种说法"有出息的靠关系，没出息的靠分数"。学习好的同学在学生中威信不一定高，而成绩平平、人缘好的同学却常常受到青睐，在推举各种代表时常会当选，所以就觉得学习没劲，不想努力去读书了。还有一些因其他心理原因而厌学的状况，如因反应较慢常被人讥笑而不愿上课的；因记忆、理解等能力的缺失使成绩难以提高而对自己失去信心的；等等。有的甚至发展到恨书、恨老师、旷课逃学的程度。有位同学就曾在日记中写道："晚上10点多了，望着桌上摆满了的教科书、英语词典、作业本，我真想把它们一下子烧成飞灰。"表现了强烈的焦躁、愤懑、无奈。这些都是非常值得我们深思的问题。

3. 人际冲突心理

人际冲突心理包括与老师、家长、同学的冲突，生活在不和谐、不协调的人际关系中。（不健康的人际关系）

主要表现：

（1）曲解老师，心理不平衡。

（2）不主动理解人，却渴望理解万岁。

（3）不能悦纳父母，家庭关系紧张。

（4）花季雨季中的爱恨情仇。

也许有同学心里会想，心里怎么想、心态怎么样，对于学习都没有太大影响，关键要看的是你的行动，只要努力了，心态好坏不影响结果。那大家有没有想过，为什么拔河的时候，我们需要啦啦队，我们需要加油，如果周围是嘘声一片，那你拔河还会劲头十足吗？

（三）讲故事，明道理

我先给大家讲一个故事，看看这个故事告诉我们什么道理。

在推销员中，广泛流传着一个这样的故事：两个欧洲人到非洲去推销皮鞋，由于炎热，非洲人向来都是打赤脚的。第一个推销员看到非洲人都打赤脚，立刻失望起来："这些人都打赤脚，怎么会要我的鞋呢？"于是放弃努力，失败沮丧而回。另一个推销员看到非洲人都打赤脚，惊喜万分："这些人都没有皮鞋穿，这皮鞋市场大得很呢。"于是想方设法，引导非洲人购买皮鞋，最后发大财而回。这就是一念之差导致了天壤之别。同样是非洲市场，同样面对打赤脚的非洲人，由于一念之差，一个人灰心失望，不战而败；而另一个人满怀信心，大获全胜。人与人之间只有很小的差异，但这种很小的差异却往往造成了巨大的差异！很小的差异就是所具备的心态是积极的还是消极的，巨大的差异就是成功与失败。成功人士的首要标志就是他的心态，如果一个人的心态是积极的，乐观地面对人生，乐观地接受挑战和应对困难，那他就成功了一半。

这也正说明，良好的心态不单单对我们现在面临的中考有一定的作用，它还会影响你面对生活的态度，你以后事业的成功，你的理想的实现。

（四）自我调节

心态如此重要，它影响着我们每天的情绪，情绪又会影响我们的行动。那么我们应该从哪些方面来调整好心态呢？

我们的心态我们主宰。做自己心灵的控制者，莫让消极的心态占领心灵的高地。既然环境无法改变，那就学会自我调节，我们可以改变的是自己的心境。哪位同学愿意讲讲当你心情不愉悦、压力过大的时候，你是采用什么方法自我调节的？

（学生发言）

1.坚定理想，用名人名言、名人事例鼓励自己。

霍金的故事：

在一次学术报告会结束之际，面对这位已在轮椅上生活了30余年的科学巨匠，一位年轻的女记者问道："霍金先生，卢伽雷病已将你永远固定在轮椅上，你不认为命运让你失去太多了吗？"霍金微笑，用还能活动的手指艰难地敲击键盘，一段文字出现在屏幕上：

我的手指还能活动；

我的大脑还能思考；

我有终生追求的理想，有我爱和爱我的亲人和朋友；

对了，我还有一颗感恩的心。

霍金对生活，对生命都心存感激。

在日常生活中，那些持有消极心态的人常常抱怨：父母抱怨孩子们不听话，孩子们抱怨父母不理解他们，他们对生活总是心怀抱怨而不是一种感激。

拿破仑·希尔认为，如果你常流泪，你就看不见星光。对人生、对大自然的一切美好的东西，我们要心存感激，人生就会显得美好许多。

2.自我调整，写心理日记宣泄。

3.进行自我积极的暗示。

每个人都会有失意的时候，赠大家一副对联。

对联：不思八九，常想一二。（横批：如意）

常言道：人生不如意常八九。倘若心为物役，患得患失，就只会被悲观、绝望，窒息心智，人生的路途注定是如负重登山，举步维艰。常想一、二，就是用心感恩，庆幸、珍惜人生中那如意的十之一二，最终以那份豁达与坚韧去化解并超越苦难。

4.找老师说心里话，或找知心朋友说心事。

5.听音乐。

6.运动，如足球、篮球、瑜伽等。如果我们自己都不为自己的理想抱负喝彩、加油，那还指望别人吗？如果我们在最后的冲刺阶段连自己的学业都想放弃或不珍惜，那还能谈得上什么爱国、爱校、爱集体吗？

（五）赠言，将心比心

最后，老师有几段心里话跟大家分享，中考是见证你三年努力成果的机会，不要把它看成可怕的门槛，你都付出了这么多的努力，应该让中考来证明你的价值，实现你的理想。珍惜这种机遇，并不是每一个人都能拥有。

为自己喝彩，为自己加油，你要相信你自己是能行的。初三了，学习不是靠兴趣，而是靠我们的理智，自己要求自己学好每一门。

我的老师曾经说过一句对我很受用的话，他说往往那些成绩好的学生，最关键的是他们会想，早想。也就是说他们比一般人更早意识到读书的重要性，比一般人早行动，多努力。我希望大家都能成为会想、早想的人，趁现在离中考还远，加把劲冲刺，实现自己的理想。

（六）结语

让读书成为习惯，让自信相伴每天；让付出见证成长，让劳动收获喜悦；让我们常想一二，让你为自己喝彩。

让我们自己为自己喝彩！

让我们大声对自己说："我是最棒的！"

（七）合唱：《隐形的翅膀》

后记
爱的教育是生命影响生命的过程

流年似水,不知不觉中,我的"粉笔"生涯已有二十多年了。二十多年的工作经历,使我深深懂得,教育是爱的事业,教师的爱不同于一般的爱,她高于母爱,大于友爱,胜于情爱。虽然有时也会因学生的调皮而埋怨,因他们的退步而急躁,因他们的违纪而失态,虽然有时也感到很累,很烦,但心中总会涌起一种强烈的责任感:我是老师,我要给这些寻梦的孩子引路,在他们心里写一本最美的书。这样的情感使我对孩子们少了一份埋怨,多了一份宽容;少了一份苛求,多了一份理解;少了一份指责,多了一份尊重。

翻开岁月的书页,细细地品味着生活的点滴,我时常会被这二十多年来的教育点滴所感动,尤其是那平凡而又真实的小插曲、小故事让我为之骄傲,为之感动,这些骄傲与感动就是我幸福的源泉。世间虽然容纳我们的空间很大,但是能让我们成为英雄的机遇却太少,我们每天都是那样的忙碌,那样的单调,可是我们的心却是那样的真诚。我国古代伟大的教育家孔子说:"爱之,能勿劳乎?忠焉,能勿诲乎?"在我的记忆里就时常闪现出一段段令我为之感到幸福的故事。

作为一名普通的人民教师,我没有惊天动地的壮举,也没有感人肺腑的豪言,有的只是一颗做好分内工作的平常心。回望过去的岁月,曾为如何给学生讲明白一道难题而绞尽脑汁,曾为上好一堂公开课而不眠不休,日思夜想。但是也曾为和学生相处过程中不经意的一句话、一个表情而感动。如果有人问我,当教师最大的乐趣在哪里?工作中,我一直践行把学生放在第一位,以学生作为教育教学的出发点,用爱心和细心去发现学生的需求,因为我明白教师的爱是关怀,更是尊重。用包容的心胸、高远的格局接纳每一个孩子,尊重个体差异,关注每一个孩子,发展每一个孩子。

时间如白驹过隙,其间有欢笑,有泪水,也有说不尽的辛苦,但我最大的感受则是充实,这一点可能是没有当过班主任的老师无法体会到的。管理班级,是一项艰巨的工作,它不仅需要耐心与细心,更需要的是班主任对学生的爱心。

作为班主任,既要有爱的情感、爱的能力,更应有爱的行为、爱的艺术,应集社会责任感与对学生真诚的爱于一身,同时要有独到的教育管理理念和不竭的创新意识,并为之不懈地寻找支点和突破口。这一切,爱是前提,是基础,是核心,是教育成功的最大秘诀!

二十几年的教师工作,有份珍贵之物始终没有变,那就是爱。在爱的信念之下，一次次突破自我，引领孩子们；一次次审问自己，好的教育是什么？一次次扪心自问，如何做好教育工作？一次次深思探索，怎样能培养出合格的未来人？好的教育应该是用爱唤醒生命力的过程。

教育的本质是一棵树摇动另一棵树，一朵云推动另一朵云，一个灵魂唤醒另一个灵魂。唤醒孩子自身的生命力，教师的生命力亦要被唤醒，师生之间互相激发，教学相长。教育是生命影响生命的过程。

基础知识的学习是必备的，因为知识扩展的是人的边界。但是，人的生命是有限的，而知识是无限的，我们不可能用有限的生命学完无限的知识。生命的另一面应该被重视，那就是它的高度，即判断力和精神高度。技能只是展示精神高度的一个手段，如果一个人没有精神高度，那么手段是无法展示的。

生活中似乎总是有解决不完的麻烦事，但是感觉被爱能赋予我们所需的动力、能量和信心，来把我们所拥有的发挥到极致。感觉被爱让我们获得内心所需的安全感和温暖，赋予我们力量去帮助和抚慰他人。尽管生活的道路可能并不平坦，但它完全可以成为一条能带来满足感的、有意义的道路。无论终点是哪里，感觉被爱才是这段旅程的关键。它是压力的解药，能帮助我们克服那些可以将我们压垮的障碍，还能让我们的生活上升到一个更高、更有意义的层面。因为当我们感觉被爱的时候，就会有能力帮助他人感觉被爱，就能找到幸福的源泉。让孩子感受到父母亲人之爱、教师之爱、同学之爱，乃至国家之爱，这是教师、家长的另一份职责所在。

就像世界上没有两片完全相同的叶子般，教育中的你我他也各不相同，这是一个复杂的系统。但是如果各方都以开放的心态，心怀爱，我们的教育终会走向光明。

教师这一职业是神圣的，但教师是平凡的，平凡得就如一颗小小的铺路石；教师所做的工作也是平凡的，大部分教师都在自己的岗位上默默地奉献自己的光和热。然而，无论是过去、现在，还是将来，始终都有数不清的教师在无怨无悔地坚守着这个岗位，用自己的青春和热血来捍卫这个职业的神圣。

当听到学生在毕业典礼上表达自己也想成为像我一样的老师时，职业的责任感和幸福感油然而生。习近平总书记曾经讲过："一个人遇到好老师是人生的幸运，一个学校拥有好老师是学校的光荣，一个民族涌现一批又一批好老师则是民族的希望。"而我，我们，就是一束微光。就让我们薪火相传，智慧耕耘，悉心育人，用实际行动践行"四有"好老师的责任和使命，为学生们照亮前行的道路，继续为教育事业的蓬勃发展谱写新的篇章，续写新的辉煌！